… und die Hölle nebenan

... und die Hölle nebenan

Zehn biblische Kriminalgeschichten

neu erzählt von Bettine Reichelt

EVANGELISCHE VERLAGSANSTALT
Leipzig

Für Stefan

Die Deutsche Bibliothek – Bibliographische Information
Die Deutsche Bibliothek verzeichnet diese Publikation in der Deutschen Nationalbibliographie; detaillierte bibliographische Daten sind im Internet über http://dnb.ddb.de abrufbar.

Printed in Germany · H 7154

Umschlaggestaltung: behnelux gestaltung, Halle/Saale
Covermotiv: Madonna mit Kind und zwei Engeln (Ausschnitt), Filippo Lippi
Layout und Satz: Steffi Glauche, Leipzig
Druck und Binden: Druckerei zu Altenburg GmbH

ISBN 978-3-374-02406-3
www.eva-leipzig.de

Inhalt

Vorwort

Biblische Kriminalgeschichten? Gibt es denn so etwas? Darf man denn eine vergleichsweise junge Kategorie der Literatur auf die Bibel anwenden? Immer wieder wurde ich das während der Arbeit an den Geschichten gefragt. Ist die Bibel nicht etwas ganz anderes, ein Buch jenseits literarischer Einstufungen?
Sicher, die Bibel ist weit mehr als ein Buch, das man aus dem Blick literarischer Genres beurteilen kann. Dennoch fügt sie sich auch in diese Zusammenhänge ein. Aus dem Blickwinkel der Kriminalliteratur ist die Bibel eine Fundgrube: Mord und Totschlag, Diebstahl, Vergewaltigungen, Staatsverbrechen, unterlassene Hilfeleistung ... Menschen werden schuldig aneinander. Und dennoch müssen sie weiter auf der einen Welt leben – gemeinsam. Der Verteidiger des Opfers wird in den biblischen Geschichten wiederholt auch zum Anwalt des Täters. Ja, Gott selbst ergreift Partei für Opfer und Täter. Darin unterscheiden sich die biblischen Kriminalgeschichten an vielen Stellen vom herkömmlichen Krimi. So werden die Kriminalgeschichten der Bibel zu einer Herausforderung. Sie stellen Fragen, auf die jede Zeit ihre eigenen Antworten finden muss. Und keine Zeit ist damit ganz fertig geworden. Was wäre, wenn die alten Geschichten heute geschehen würden? ... Ich lade Sie ein zu diesem Abenteuer der besonderen Art.

Leipzig, im Januar 2007 *Bettine Reichelt*

David und Batseba im 21. Jahrhundert

Aber warum hast du das Wort des Herrn verachtet
und etwas getan, was ihm missfällt?

2. Samuel 12,9

1

Die Lichter der Stadt schimmerten durch die Nacht und verwandelten die Häuser in ein weites Meer von Lichtfunken. Ein Ozean aus Geborgenheit. David liebte es, in der Nacht auf der Terrasse seines Penthouses zu stehen, ein Glas Rotwein in der Hand, und in dieses Meer einzutauchen. In der Dunkelheit schwappten Geräusche wie Wellen an die Häuserwände. Nur die Konturen und Fenster der nächsten Häuser waren klar erkennbar, alles andere lag den Hügel hinunter unter einer imaginären Wasserfläche. Das Leuchten schien einem neuen Atlantis anzugehören. Oberhalb lebte die Stille des Abends, unterhalb mochten unbekannte Meeresbewohner den nur ihnen verständlichen Tätigkeiten nachgehen.
David lehnte an der Hausmauer, lauschte und sog den Sommerabend in sich hinein. Nichts liebte er in diesem Augenblick mehr als dieses: stehen, atmen, den herben Geschmack des Weins noch auf der Zunge. Ein siegreicher Tag lag hinter ihm. Jetzt nichts empfinden als sich selbst am Rande des pulsierenden Lebens, in das er morgen wieder eintauchen würde.
Seine Blicke wanderten über die Fenster der nahe gelegenen Häuser. Die meisten waren bereits dunkel. Hinter einigen zuckten die blauen Lichter des Fernsehers, hinter einem

gelben Vorhang begann sich eine Frau für die Nacht zu entkleiden. Fasziniert beobachtete David das Schattenspiel. Plötzlich war er wieder hellwach. Ihre Umrisse hoben sich klar wie ein Scherenschnitt ab. Fließend streifte sie das Hemd über ihren Kopf und legte es ab. Sie schien keine Eile zu haben. Obwohl es gegen Mitternacht ging.
David fuhr sich unruhig mit der Hand durch die kurz geschnittenen, grau melierten Haare. Er fühlte sich schuldig. Und doch wagte er es nicht, sich zu rühren. Ein Zauber umgab die Fremde, der auch ihn einschloss. Wenig später löschte sie das Licht.
David lehnte sich zurück an die kühle Wand und schloss die Augen. Das halb ausgetrunkene Glas umklammernd, starrte er in die Dunkelheit. Koste es was es wolle, er musste diese Frau kennen lernen.

2

Ingrid war seit mehr als zehn Jahren die Seele in Davids Büro. Sie hatte die fünfzig bereits überschritten, wirkte aber noch immer fast mädchenhaft und eher linkisch. Als ob sie die Pubertät nie ganz verlassen hätte. Der erste Eindruck wich, wenn sie zu reden begann. Ihre freundliche, klare Art prägte die Atmosphäre vor der Tür ihres Chefs. Ob es um Verabredungen, um die Organisation des Tages, das Besorgen von Unterlagen oder den Kaffee ging: Ingrid gelang einfach alles.
Dabei hatte David sie damals gar nicht einstellen wollen. Als er die Tür des Büros öffnete, wurde ihm das wieder einmal

bewusst. Schmal und unscheinbar, beugte sich Ingrid über den Kalender, ihre Haare hatten auch an diesem Tag keinen Glanz. Und das alles in allem tadellose Kostüm wirkte an ihr wie aus der Ramschkiste. Lächelnd ließ David den Blick über seine Sekretärin gleiten. Noch heute war er Nathanael unendlich dankbar. Sein Freund und Berater hatte während des Bewerbungsgespräches die entscheidenden Fragen gestellt. Er selbst hatte innerlich abgewinkt, als sie die Tür geöffnet hatte. Und so war es auch allen anderen gegangen. Die nimmst du keinesfalls, hatte er sich im Stillen gesagt. Nathanael aber hatte gefragt und gefragt. Er hatte sich die Referenzen angesehen, sie Probe schreiben lassen. Im nachfolgenden Gespräch waren er und die anderen einhellig der Meinung gewesen: So ein graues Mäuschen ist keine Chefsekretärin. Nathanael aber hatte sich gegen sie alle gestellt und ihm dringend nahe gelegt, sie anzustellen. Sie sei die beste von allen Bewerberinnen. Wenn Nathanael so für eine Sache focht, dann hatte er gute Gründe. Deshalb war David, gegen alle, seinem Rat gefolgt und hatte das bisher keinen Tag bereut. Sie war neben ihrem Geschick in allen Bürofragen vor allem auch eines: diskret. Ihr konnte man die Organisation heikler Verabredungen anvertrauen. Und vermutlich wäre er ohne ihren Rat und ihre unauffällige Unterstützung während der Zeit der Scheidung nicht mehr auf dem Platz, auf dem er noch immer saß. Mit ihr ging er beruflich durch dick und dünn. Für David war sie das Ideal einer Chefsekretärin. Auch wenn sie seinen Lebensstil kritisch sah. Dennoch war und blieb sie ihm gegenüber loyal. Gelegentlich legte sie ihm das Informationsblatt seiner Gemeinde auf den Schreibtisch. Vor Jahren war David regel-

mäßig jeden Sonntag in den Gottesdienst gegangen. Aber das war lange her. Mehr als diese Art von Kritik hatte er von ihr nicht zu befürchten.
Und heute würde er sie auf die Suche nach der unbekannten Schönen von gestern Abend ansetzen. Wer könnte ihm sonst Namen und Adresse besorgen? Und wenn alles gut ginge, könnte man vielleicht sogar auf unauffällige Weise ein Treffen arrangieren. Die Schöne musste ja nicht wissen, wieso. David grinste in der Vorfreude auf die Begegnung in sich hinein. Dann schob er die Gedanken entschlossen zur Seite. Es war nicht gut, sich schon am Morgen von ihnen beherrschen zu lassen.
Eine Woche später lag eine kleine, dunkelblaue Mappe auf seinem Schreibtisch.

3

Den ganzen Morgen hatte sich David verboten, den Hefter zu öffnen. Er sah ganz nach den Mappen aus, die ihm Ingrid immer für eine neue Frau erstellte. Erst am Abend nahm er ihn in die Hand. Er ging zur Sitzecke und machte es sich in einem der schwarzen Ledersessel bequem, legte die Füße auf den Tisch und begann zu lesen. Auf die erste Seite hatte Ingrid einen kleinen gelben Zettel geklebt: Vergessen Sie nicht, am Sonntag ist Gottesdienst. David schüttelte den Kopf. Sie konnte es einfach nicht lassen, ihn an seine moralische Herkunft, wie sie es nannte, zu erinnern. Immer, wenn eine neue Frau in den Blick kam, die nicht ganz frei zu sein schien. David zerknüllte den Zettel und warf ihn mit

Schwung in den Papierkorb. Dann las er: Batseba Sibylle Müller, 32 Jahre – gerade mal neun Jahre jünger als ich; verheiratet mit Alois Müller – das ist bedauerlich, aber ja kein Hindernis; keine Kinder – sehr gut; Hausfrau – na, was das bedeutet wird sich zeigen.
Ehemann: Alois Müller, Angestellter der Firma »Werner Brother Motors GmbH«, Sacharbeiter in Entwicklungsabteilung B.
David saß schlagartig aufrecht. Der Müller hatte so eine attraktive Frau? Dass ihm dieser Name nicht gleich aufgefallen war! David kannte nur wenige der Angestellten persönlich, aber Alois Müller war ihm schon wegen seines ungewöhnlichen Namens im Gedächtnis geblieben: Müller merkte sich ja keiner, aber Alois! Und dann noch Alois Müller. Vor Jahren war er Testfahrer der Firma gewesen. Ein kleines Männchen mit schütteren Haaren, im Gespräch verbindlich, mit einem Hang zum Überfreundlichen. Ganz gegen den Anschein einer der besten Fahrer. David war damals Abteilungsleiter und stand am Beginn seiner Karriere. Er hatte die Tests häufig selbst beaufsichtigt. Gelegentlich waren sie ins Gespräch gekommen. Müller war ein Profi gewesen. Irgendwann hatte er sich versetzen lassen. Man wunderte sich darüber. Keiner wusste genau, warum sich der leidenschaftliche Pilot plötzlich in einer anderen Abteilung bewarb. Zwischen David und ihm hatte es das eine oder andere unwesentliche Gespräch gegeben. Firmentratsch. Ja, natürlich war auch von einer Frau die Rede, aber wann ist das in solchen Fällen nicht so? Was der jetzt wohl machte? Und dieser Müller hat so eine Frau? Die Welt ist ungerecht!

Platzte damit der Traum von einem netten kleinen Tête-à-Tête, dem Abend im Kerzenschein auf seinem Balkon? Aber was konnte, schon rein äußerlich, der Müller einer Frau mit diesen Kurven bieten! Gut, ich kenne sie nicht, dachte David. Aber eine Frau mit diesen ... In seine Augen trat ein begehrliches Funkeln. ... Vielleicht war die Ehe ja nicht glücklich? Vielleicht blieb sie nur so bei ihm aus Gewohnheit? Was trifft man nicht für dumme Entscheidungen in der Jugend. Und dann kommt man nicht mehr raus.
Und der Müller war ja auch bloß einer der Sachbearbeiter in der Entwicklungsabteilung im Haus B. Ein Niemand geradezu. Wenig bedeutsame Kontakte, keine herausragende Stellung. Nichts. Was kann der gegen mich als Mitglied des Aufsichtsrats.
David erhob sich und öffnete den Einbauschrank rechts neben der Tür. Er betrachtete sich lange im Spiegel. Auch mit über vierzig habe ich einer Frau einiges zu bieten. Der Müller kann unmöglich mit mir mithalten. Wenn er sich nicht völlig gewandelt hat, ist er jetzt noch vertrockneter als damals. Wenn er Testfahrer geblieben wäre, dann ... Aber als Sachbearbeiter. Lächerlich!
Draußen begann es dunkel zu werden. David packte die Mappe in seine Aktentasche und verließ das Bürogebäude. Der Sommer neigte sich, aber er war noch nicht vorbei. In einer halben Stunde würde er wieder mit einem Glas gutem Rotwein in der Hand auf dem Balkon stehen und die Nacht genießen. Und dann zu später Stunde das eine oder andere Schöne auch. Merkwürdig nur, dass er nie einen zweiten Menschen in der Wohnung beobachtet hatte. Vielleicht wohnte Alois längst woanders?

4

Alois Müller würde in wenigen Monaten seinen 40. Geburtstag feiern. Wie immer war er erst weit nach Mitternacht zur Ruhe gekommen und hatte sich in das bereits dunkle Schlafzimmer geschlichen. Er setzte sich aufs Bett, lehnte den Kopf an die Schlafzimmerwand der kleinen Dreizimmerwohnung und sah auf sein Leben zurück. Die Jahre zogen innerlich an seinen Augen vorbei. Bilder, Träume vergangener Zeiten. Du hast so viel Glück gehabt in deinem Leben, so viel Glück! Du hast so viel tun können, was andere nie wagen würden. Erfüllte Wünsche: erst Kfz-Mechaniker in deiner Wunsch-Firma, dann die Leidenschaft für rasante Fahrten und schließlich Testfahrer. Noch heute spürte er in sich das Prickeln, das ihn vor jeder Fahrt erfüllt hatte. Sein Körper, der kleine, schmächtige, anwesend und wach. Was er in keiner Sportstunde erreichen konnte, obwohl er ausdauernd und zäh war, das gab der Wagen ihm. Du wärst wohl bis heute dort, wenn, ja, wenn nicht eines Tages Batseba in dein Leben geschneit wäre, sagte sich Alois Müller wie fast jeden Abend in letzter Zeit. Jung, temperamentvoll und voller Frische und Wärme wie ein Sommermorgen. Vor seinem Innern lässt er den Film ihrer ersten Begegnung ablaufen. Jung waren sie beide gewesen. Sie gerade mal zwanzig, er achtundzwanzig. Ein Zusammenstoß direkt vor seinem Stammladen, eine zerbrochene Flasche Öl und ihr glockenklares Lachen. Dass sie ihn tatsächlich geheiratet hat! Gut, nur unter der Bedingung, dass er sich in eine andere Abteilung versetzen lässt. Sie wolle nicht jeden Abend voller Angst warten, ob er nach Hause komme, sagte sie. Ob sie das Leben mit ihm je bereut hat? Letztlich hatte sich auch der Wechsel in die andere Abteilung als Glücksfall erwiesen. Ohne Batseba hätte er weder den Mut zum Wechsel in eine neue Aufgabe noch für die zweite Ausbildung aufgebracht. Ohne sie wäre er noch immer Testfahrer. Das hat meinem jugendlichen Ego gut getan. Wer weiß, ob mich das jetzt noch erfüllen würde! Batseba … immer noch die Frau meiner Träume.

Alois hoffte inständig, dass sie es genauso sah wie er. Aber sie sprachen nicht darüber, nicht mehr. So, wie sie auch nicht darüber sprachen, dass sie keine Kinder hatten. Noch vor Kurzem hatten die Gespräche darüber Abende gefüllt. Sie hatten geträumt, sie hatten gebangt, jeden Arztbesuch, jeden Schimmer einer Hoffnung aufgenommen. Irgendwann, er konnte nicht mehr genau sagen, wann, hatte sie sich in das Unabänderliche gefügt, vielleicht zu früh gefügt. Jetzt schwiegen sie viel. Alois hätte gern gewusst, ob sie auch noch immer so traurig darüber war wie er, aber er wagte nicht mehr zu fragen. Klag nicht darüber, sagte er zu sich selbst. Batseba ist noch jung. Es kann immer noch werden. Er ließ sich unter die Decke gleiten. Er versuchte sich sein Kind vorzustellen. Immer hatte es Batsebas schwarze Locken.

5

Die Sitzung zog sich in die Länge. David blickte nervös auf die Uhr. Es konnte doch nicht wahr sein, dass sie die unglaubliche Chance, die in diesem Projekt lag, nicht sahen! David trommelte unruhig mit den Fingern auf den Tisch. Er war mittlerweile bei seiner siebenten Tasse Tee angekommen. Eigentlich brauchten alle dringend eine Pause. Aber keiner wollte eine Entscheidung treffen. Er musste sie überzeugen! Und wenn ihm etwas lag, dann die Überzeugung von Zweifelnden. David sprang auf. »Meine Herren!« Die erhitzten Gesichter wandten sich ihm zu. Man hätte eine Nadel fallen hören können. David verspürte die Faszination dieses Augenblicks. Erwartung lag in der Luft, Spannung. Der Adler war gesichtet worden. Er flog ruhig und gelassen und würde die Beute bringen. »Meine Herren«, wiederholte David. »Wir alle waren uns noch vor wenigen Monaten einig, dass diese Neuentwicklung und unsere Technik eine Revolution in der Autoindustrie darstellen werden. Wir haben die unglaubliche Möglichkeit in den Händen, eine Brücke zwischen den Umweltbewegten und den konservativen Zweiflern zu schlagen. Unser Wagen wird aus einem Stoff sein, der vollständig und ohne Schadstoffe recyclebar ist. Zugleich wird er als einziges ›Abfallprodukt‹ Wasser produzieren – er bläst keine Abgase in die Luft und hinterlässt keinen Sondermüll – und er wird uns völlig unabhängig von den Ölmagnaten machen. Sie kennen die Nachrichten der vergangenen Wochen. Ich brauche Ihnen nicht zu sagen, was das für unser Land bedeutet. Es liegt in unseren Händen, der Autoindustrie eine neue Richtung zu geben. Warum, frage ich Sie, warum wollen Sie jetzt zögern und die Produktion nicht darauf ausrichten, dass wir auf der Messe in ein paar Monaten einen Prototyp präsentieren? Wir brauchen den neuen Wagen auf der Messe. Unser Land braucht ihn. Also schicken wir den Wagen durch eine verkürzte Teststrecke und holen alles, was fehlt, nach. Wo ist da das Problem? Weil wir nicht den langen Weg der Tests gehen? Ich bitte Sie! Es ist ein kalkulierbares Risiko. Ja, wir gehen neue Wege, ja, vom Motor bis zum Gehäuse ist nichts mehr, wie es war. Aber ich traue unseren Entwicklern zu, dass sie alles so gründlich berechnet haben, wie es möglich war, und wir keine bösen Überraschungen erleben werden. Und um ein gewisses Maß an Risiko werden wir bei einem solchen Aufbruch nicht herum kommen. Ich möchte Sie bitten, einem Eilantrag zuzustimmen und die Neuentwicklung in eine verkürzte Testphase zu geben. Alles andere werden wir zu gegebener Zeit nachholen.« – »David«, Nathanael hatte sich ebenfalls erhoben. »Du weißt so gut wie wir alle hier, dass die neue Technologie vor allem bei den Bremsen nicht ausgereift ist. Wir können diesen Wagen auf keine Teststrecke schicken. Du kannst nicht wissen, was passieren wird!« – »Eben, Nathanael, wir wissen es nicht. Genauso gut kann es sein, dass der Wagen optimal funktioniert. Wir werden das nur erfahren, wenn wir es probieren!« Davids Freund und Berater kniff kritisch und leicht verärgert die Augen zusammen, schwieg aber. David ignorierte das Zeichen. »Wir könnten das ganze Projekt einem verantwortungsbewussten und erfahrenen Testfahrer anvertrauen, der noch dazu viel Erfahrung in der Entwicklung mit sich bringt.« »Wer hat schon auf beiden Gebieten Ahnung, David. Einen solchen Menschen gibt es nicht. Wenn es ihn gäbe, könnte man vielleicht einen Versuch wagen. Aber wir haben keinen Magier in unseren Reihen, sondern nur Menschen, die ihr Bestes geben.« David zückte wie einen Trumpf die Personalakte, die er seit Tagen auf seinem Schreibtisch liegen hatte: »Wir sollten Alois Müller mit dem Test beauftragen. Der beste Testfahrer, den wir je hatten, und

Mitarbeiter in der Entwicklungsabteilung B. Lassen wir ihn ein Team bilden, die Entwicklungen, soweit es die Kürze der Zeit zulässt, noch einmal überprüfen und den Wagen im Test fahren. Er ist seit Jahren in unserer Firma. Er kennt sich aus.«
Die Herren schwiegen. Nathanael musterte David nachdenklich. David konnte geradezu hören, wie er sich innerlich fragte: Was soll das? Der Freund würde es nicht erfahren, nicht alles jedenfalls. Nathanael in seine Frauengeschichten einzuweihen war nur selten hilfreich. Seine antiquierten Moralvorstellungen verdarben einem den ganzen Spaß.
Jetzt sollte Nathanael reagieren. Man wartete auf sein Wort. Aber er schwieg. Statt dessen erhob sich Mayer-Haubenfelder, einer der Hauptaktionäre. »O.k., machen wir das so. Wir werden ja sehen, ob der Müller wirklich so gut ist, wie Sie sagen.« Innerlich stieß David die Faust in die Luft. So, wie er es als Junge getan hatte, wenn er einen Sieg errungen hatte. Das erste Band zu Familie Müller war geknüpft. Er konnte, ohne Aufsehen zu erregen, Müller zu sich bestellen. Alles lag nun an seinem Verhandlungsgeschick.

6

Alois Müller saß vor Davids Schreibtisch und hörte ungläubig auf die Worte seines Chefs. Die Hände bewegten sich in seinem Schoß, als ob sie nicht zu seinem Körper gehörten. Sein Kopf dachte. Alles war unwirklich. Wieso wählen sie mich? Es gibt doch Leute mit mehr Erfahrung, bessere. Es gibt doch hochqualifizierte Ingenieure, die sich alle Finger nach so einer Chance lecken würden. Warum also ich? Davids sonore Stimme füllte den Raum. Er pries den Auftrag als eine einmalige Chance für Alois. Er hätte sich für ihn eingesetzt, aus alter Freundschaft sozusagen. Freundschaft? Alois musste irgendetwas Wesentliches verpasst haben, damals. Sicher, sie kannten sich. Aber doch eher flüchtig. Und das war so unendlich lang her. Der junge Aufsteiger David hatte sich ab und an mit ihm unterhalten. Nicht unfreundlich, nein, das nicht. Aber eben so, wie man mit einem spricht, der weit unterlegen ist. Es war so klar gewesen, dass er, Alois Müller, damals auf dem Gipfel seiner Karriere stand und nicht viel weiter kommen würde. Und der nur wenig Ältere auf dem Sprungbrett nach oben, nach ganz oben eben abschnellte. Wie hätte es da etwas wie Freundschaft geben sollen? Auf welcher Basis?

Eigentlich sollte er sich freuen. Aber Alois Müller sah nur an David vorbei durch die breite Fensterfront nach irgendwo. Die Skyline der Stadt bildete den Horizont. Weit dahinter, unsichtbar, lag das neue Testgelände, das Alois Müller noch nie betreten hatte. Kam jetzt für ihn eine neue Karriere? Aber warum? Und wozu? Es war zu unwirklich.

»Herr Müller, Sie sagen gar nichts?«, riss ihn David aus seinen Gedanken. »Doch ... ja ... danke, ein sehr interessanter Auftrag. Ich würde ihn nur gern überschlafen. Wie Sie wissen, hatte ich nicht direkt mit dem neuen Projekt zu tun. Ich möchte mich erst damit vertraut machen.« – »Selbstverständlich! Überschlafen Sie das Ganze, sprechen Sie mit Ihrer Frau darüber. Lassen Sie sich ruhig das Wochenende Zeit dazu. Am Montag, sagen wir acht Uhr, reden wir noch einmal.« Alois erhob sich. »Ach, und grüßen Sie Ihre Frau von mir ... unbekannterweise.« – »Ja, gern.« Alois war entlassen.

Bevor er die Tür öffnen konnte, rief David: »Ach Müller, erinnern Sie sich an unseren Besuch auf der Rennbahn, damals?« Der Besuch auf der Rennbahn, wie hatte er das vergessen können. »Der kleine Stall, auf den wir damals setzten, hat einen wunderschönen Neuzugang. Wir sollten den Besuch einmal wiederholen. Sie werden es nicht bereuen, glauben Sie mir. Die kleine Stute hat Klasse!«
In diesem Augenblick betrat Nathanael das Büro: »Wirst du wieder zum Pferdenarren?« – »Geht's dich was an?« – »Wer weiß …«, erwiderte Nathanael unbestimmt.

7

Zurück an seinem eigenen Schreibtisch, sah sich Alois die Unterlagen an. Sie schienen soweit in Ordnung. Es war ein faszinierendes Projekt, großartig. Aber so neu. Viel zu jung, um ausgereift zu sein. Alois begann sich Details zu notieren. Wer hatte die Elastizität des Kunststoffs geprüft? Wie oft? Unter welchen Bedingungen? Und was war mit den neuen Bremsen? Der neue Brennstoff schien in Ordnung. Allerdings forschten sie ja auch nun schon lange genug in dieser Richtung. Irgendwann musste ja der Durchbruch kommen. Wenn alle Daten stimmten, lag er also hier vor ihm.
Alois Müller besah sich seine Liste. Und das sollte alles bis zur Messe geklärt werden? Und man war schon dabei, den Testwagen zu produzieren? Es war keine Frage mehr, ob er den Auftrag annehmen konnte. Es war nur die Frage, wie die Überprüfung zu gestalten sein würde. Und ob er wirklich selbst den Wagen lenken sollte. David hatte ihn

an die alten Zeiten erinnert und genau das als seine besondere Chance gesehen. Keine Frage: Es reizte ihn, noch einmal hinter dem Steuer zu sitzen. Noch einmal alles wagen. Vielleicht würde er, der Niemand, in die Geschichte eingehen als einer, der zum allerersten Mal ein solches Fahrzeug steuerte? Batseba würde diesen Gedanken nicht mögen. Aber wäre sie nicht auch voller Stolz, wenn es ihm gelänge, dieses Unternehmen zu einem erfolgreichen Abschluss zu bringen?

8

Die Klingel durchbrach die Stille des Abends. Endlich, dachte David, endlich. Er hatte seine Haushälterin den halben Tag geradezu überwacht. Alles sollte geschmackvoll und doch nicht aufdringlich aussehen. Sie würde am Fenster sitzen. Mit Blick auf den Balkon voller herbstlicher Blüten und den Lichtern auf der anderen Seite des Hügels. Noch war es hell, aber er würde es so einrichten, dass sie diesen atemberaubenden Anblick erlebte. David drückte auf den Türöffner. Er hatte die letzte Stunde damit zugebracht, das Klingeln des Telefons zu fürchten. Wenn sie sich nun anders entschied, wenn sie ihn nur mit ihrem Gatten aufsuchen wollte? Es war ein gewagtes Spiel gewesen, ihm so plötzlich eine Dienstreise verordnen zu lassen. Aber wenn sie jetzt kam, schien keiner misstrauisch zu sein. Leise surrte es in der Wechselsprechanlage. Dann trat er aus der Wohnung, um sie am Lift zu empfangen. Er war aufgeregt wie ein 16-Jähriger vor seinem ersten Date. Obwohl er alles so genau berechnet hatte. Dass

sie jetzt nur wenige Meter von ihm entfernt war, änderte alles. Der Fahrstuhl begann zu rauschen. Sie war auf dem Weg zu ihm. Als die Tür sich öffnete, musste David schlucken. Batseba trug ein langes Abendkleid in Weinrot, das schwarze Haar fiel ihr in kleinen Locken über die Schultern. Sie war geradezu vollkommen. Unwillkürlich streckte er ihr beide Hände entgegen. »Ich muss mich für meinen Mann entschuldigen«, sagte sie ohne Einleitung. Es schien ihr sehr auf der Seele gelegen zu haben. »Er musste überraschend heute Mittag zu einer Dienstreise aufbrechen. Ich habe verzweifelt versucht, Sie zu erreichen, aber ihre Sekretärin sagte mir, Sie seien in dringenden Angelegenheiten unterwegs.« – »Wie schön, dass Sie nicht abgesagt haben, Frau Müller. Ich wünsche Ihnen einen wunderschönen Guten Abend.« David hatte die Hände sinken lassen, verneigte sich leicht und wies mit der Hand auf die offene Wohnungstür. Batseba lächelte unsicher und ging vor ihm auf den Flur zu. David folgte ihr. Sein Gesicht spiegelte den Triumph, den er empfand. Zumindest hat Alois Müller die Reise nicht mit mir in Verbindung gebracht. Das ist gut so, sehr gut.
David nahm Batseba die leichte Jacke ab. »Ich darf voraus gehen?« Batseba nickte befangen. Überrascht blieb sie in der Tür stehen. Die Fensterfront glitzerte in der Abendsonne. Die hellen Möbel umgab ein unwirklicher, fast mystischer Schein. David liebte diese frühen Abendstunden. Man fühlte sich in eine andere Welt versetzt, scheinbar gab es etwas Drittes zwischen Traum und Wirklichkeit. Und dieses Dritte war hier und jetzt realer als alles andere. So hatte David die Wohnung zum ersten Mal gesehen und sich in sie verliebt. Es bereitete ihm Genugtuung, dass Batseba offensichtlich

ebenso empfand. Wie weit war sie wohl in ihrem Innern von Alois entfernt? Weit genug, um mehr als diesen Abend mit ihm zu verbringen? Ihr Schweigen, ihr Staunen ließen Davids Hoffnungen höher schlagen.

»Ich bitte Sie, setzen Sie sich doch.« Batseba kehrte wie aus unendlicher Ferne in das Wohnzimmer zurück. Scheu lächelnd nahm sie auf dem Stuhl Platz, den David ihr zurechtrückte. »Darf ich Ihnen schon etwas zu Trinken anbieten?« Batseba nickte. »Wein, Wasser, Saft oder einen Aperitif?«

»Vielleicht etwas Wasser …« Batseba hob leicht den Kopf und sah David in die Augen. Für Sekunden versank er. Was für eine schöne Frau, dachte er, rief sich aber sofort zur Ordnung und entnahm der Minibar rechts neben dem Fenster eine gekühlte Wasserflasche. Batseba lächelte verkrampft, als er ihr das Glas füllte. Sie schien sich unsicher zu fühlen. Was sie wohl dachte? Aber ihre Haltung verriet nichts als eine leichte Irritation in einer fremden Umgebung.

»Entschuldigen Sie mich einen Augenblick. Ich hole unser Abendessen.« David nahm den Salat aus dem Kühlschrank, stellte das bereits geschnittene Baguette dazu; den Reis und das Lammcurry versenkte er in den Wärmeschüsseln. Kurze Zeit später schob er den Servierwagen aus der Küche ins Wohnzimmer. Nur das Eis konnte er jetzt noch nicht auftragen. David wurde sich wieder einmal bewusst, dass sein Instinkt für Frauen ihn auch in Bezug auf seine Haushälterin nicht getrogen hatte. Sie war beinahe perfekt, sowohl was die Wohnung betraf als auch für gelegentliche abendliche Gäste. Am Tisch nahm er mit einer entschuldigenden Geste das dritte Gedeck weg und stellte es zu Seite. »So haben wir etwas mehr Platz.«

Das Essen stand ganz unter dem Eindruck des schwindenden Tages. Altweibersommer. Sie redeten kaum miteinander. David beobachtete aus halb geschlossenen Augen fasziniert jede Bewegung der Frau ihm gegenüber. Batseba ließ sich von der späten Wärme tragen, die durch die offenen Fenster auf sie einflutete. Zwischen ihnen schien eine stille Übereinkunft zu bestehen, den Zauber nicht durch unnötiges Reden zu zerstören. Gelegentlich trafen sich ihre Blicke über dem Tisch. Aus der stillen Innigkeit wuchs mehr und mehr eine angenehme Spannung. Sie waren einander nah.
Nach dem Eis bat David Batseba hinaus auf den Balkon. Er rückte ihr einen der Sessel in die Nähe der Blumen, reichte ihr ein Glas Rotwein und setzte sich ihr gegenüber. Sie saß wie eine Königin, umgeben von einem Meer aus Blumen, in den letzten Strahlen der untergehenden Sonne. Sie begannen über Nichtigkeiten zu plaudern. Davids Augen ruhten ernst, ruhig und begehrend auf Batseba. Er wusste, dass er seine Blicke nicht mehr im Griff hatte. Und es war ihm recht so. Wenn sie den Blick hob, konnte er in ihren Augen erkennen, dass sie ihn verstanden hatte. Lange war er sich unsicher, ob sie nicht nur verstand, sondern auch mitfühlte. Die Unsicherheit ließ ihn unruhig werden. Es geschah nur selten, dass er nicht wusste, ob er seinen Willen durchsetzen konnte. Zugleich gab diese Distanz Batseba aber eine Würde, die seine Sehnsucht anfachte und ihn ahnen ließ, dass diese Frau mehr werden könnte als der Zauber einer Nacht. Er fragte sich plötzlich, ob er das wollte. Aber sein ganzes Wesen war so mit ihr beschäftigt, dass er keinen klaren Gedanken fassen konnte.
Batseba spielte mit dem leeren Glas in ihrer Hand. David er-

hob sich, um nachzuschenken. Während er mit der einen Hand ihr Weinglas füllte, strich die andere wie unabsichtlich über ihren nackten Arm. Als er wieder Platz genommen hatte, suchten seine Augen in den ihren eine Antwort. Sie wich seinem Blick aus, hob aber spöttisch-wissend die Augenbraue. Sie hatte also verstanden. »Spielen Sie Schach oder Dame?« fragte David unvermittelt. »Ich bin eine schlechte Schachpartnerin. Aber auf eine Partie Dame lasse ich mich gern ein«, antwortete sie lächelnd und sah ihm dabei in die Augen. »Gut, eine Partie Dame.« Der Abend begann interessant zu werden.

Batseba spielte wirklich gut, zumindest während der ersten Partie. Dann aber machte sie mehr und mehr Fehler. Dass sie nicht haushoch verlor, lag daran, dass David mindestens ebenso oft seine Chancen ungenutzt verstreichen ließ. Immer, wenn sich ihre Hände begegneten. »Vielleicht«, sagte David und hielt ihre Hand fest, die einen Stein in sein Schussfeld setzen wollte, »sollten wir etwas ganz anderes spielen?« Dabei zog er ihre Hand behutsam an seine Lippen. Sie hätte sie ihm jederzeit entziehen können. Aber sie wehrte sich nicht. Ihre Augen fixierten einen undefinierbaren Punkt zwischen Tisch und Boden. Nach scheinbar endloser Zeit hob sie die Augen und lächelte ihn an. Er hatte gewonnen.

9

Die Nachricht erreichte David kurz vor der Mittagspause. Es habe auf dem Testgelände einen schweren Unfall gegeben. Man bitte ihn, unverzüglich mit dem Verantwortlichen Verbindung aufzunehmen. David wählte die Nummer von Müllers Handy nun schon zum dritten Mal. Aber er war nicht erreichbar. Entweder hatte er sein Handy gar nicht an oder die Rufumleitung aktiviert. Jedenfalls nahm er nicht ab. David ärgerte sich und zugleich war er beunruhigt. Was war da los? War das Risiko zu groß gewesen? War Müller … Er verbot sich jeden weiteren Gedanken.

Schließlich drückte er die Wechselsprechanlage an seinem Telefon. »Ingrid, sagen Sie dem Fahrer Bescheid. Ich will zum Testgelände raus. Ich will wissen, was da passiert ist. … Ach, und verständigen Sie Nathanael Seher; er soll mich bitte heute Nachmittag vertreten.« – »Natürlich. Der Wagen ist sofort bereit.«

David betrat in Gedanken den Aufzug und ließ sich in die Tiefgarage bringen. Was konnte geschehen sein? Ein Unfall. Gut. Das musste noch nichts heißen. Sie konnten unmöglich schon jetzt bei den Testfahrten sein. Alois Müller konnte unmöglich der Testfahrer sein, korrigierte sich David in Gedanken. Die Tests mit den Dummies nahmen immer viel Zeit in Anspruch. Aber bitte, was sollte da schon passieren?

Zugleich spürte David ein unangenehmes Ziehen in der Magengrube. Er hatte sich für die vorzeitigen Tests eingesetzt. Er hatte Müller an die Spitze des Projektteams gesetzt. Wenn nun Müller tatsächlich etwas passiert sein sollte … Es war nicht auszuschließen, dass man auch an seinem Stuhl sägen würde. Zu dumm, dass er sich durch Batseba hatte verleiten lassen, seinen Instinkt außen vor zu lassen. Andererseits: Entweder hatte sich irgendwer sehr dumm verhalten. Dann traf die Betriebsleitung keine Schuld. Oder irgendetwas musste überraschend aus dem Ruder gelaufen sein. Auch dann würde man zwar Fragen an ihn stellen, aber er konnte

nachweisen, dass er unschuldig war. Selbst wenn das Projekt nicht völlig ausgereift war. In dieser Phase konnte gar nicht wirklich etwas passieren, jedenfalls nichts, was *ihn* gefährden könnte. Das Klingeln der Aufzugglocke riss David aus seinen Gedanken. Unmittelbar vor dem Aufzug öffnete sein Fahrer die Tür des Wagens. David ließ sich auf das weiche Polster fallen. Es war gut, jetzt nicht selbst fahren zu müssen. Leicht hätte das der Grund für einen zweiten Unfall an diesem Tag sein können. Er hatte ein schlechtes Gewissen. Und er hatte Angst. Was, wenn … Auch wenn er diesen Gedanken weit von sich schob, immer wieder drängte er sich in den Vordergrund. Was wäre, wenn … Die Begegnung mit Batseba lag reichlich einen Monat zurück. Unwillkürlich lächelte David. Es war ein wunderschöner, ein vollkommener Abend gewesen. Als sie ging, verließ ihn eine Göttin. Er hatte seitdem nichts von ihr gehört und auch nicht damit gerechnet. Es war der Zauber eines Abends, mehr nicht, redete er sich ein. Irritierend war nur, dass er weiterhin jeden Abend, wenn es das Wetter zuließ, auf dem Balkon stand und ein bestimmtes Fenster beobachtete. Die Kühle der Oktobertage störte ihn dabei nicht. Vermutlich hätte er auch in Schnee und Eis dort gestanden und auf sie gewartet, auf sie und ihren göttlichen Körperbau.
Alois Müller hatte sich in den vergangenen Wochen ihm gegenüber nicht anders verhalten als vorher. Er konnte nichts wissen. Warum schlug ihm jetzt, über einen Monat später, plötzlich das Gewissen? Wer weiß, was da draußen passiert war. Es gab keinen vernünftigen Grund, dass es etwas damit zu tun hatte. Er hätte ohne Weiteres jemand anderen hinschicken können, um das Ganze zu überprüfen. Vielleicht

war es sogar viel zu auffällig, selbst dort zu erscheinen? Die Gedanken bereiteten David Kopfschmerzen. Er war erleichtert, als der Wagen hielt, der Chauffeur die Tür öffnete und er sich endlich wieder bewegen konnte. Der Eingangsbereich des Geländes war unbewacht. David ärgerte sich. Wenn es schon einen Unfall gegeben hatte, musste doch wenigstens die Sicherheit an Ort und Stelle bleiben. Wie schnell konnte die Presse Wind von der Sache bekommen. Irgendwer musste sie dann im Zaum halten. Oder die Kollegen hatten völlig überzogen reagiert, als sie den Unfall sofort in die Chefetage meldeten.

Er eilte durch die verlassenen Gänge des Eingangsgebäudes zur Bremsteststrecke, wo er Müller und die anderen im Moment vermutete. Als er die Halle betrat, sah er seine Vermutung bestätigt. Alle waren sie da, alle. Sie standen mit dem Rücken zu ihm im Halbkreis um den Testwagen. Er schien aus der Ferne nicht mehr und nicht weniger zerstört als andere vor ihm. Langsam trat er zur Gruppe hinzu.

Die ersten erkannten ihn und ließen eine Gasse frei. Die Puppe hing schief und erwartungsgemäß vergleichsweise wenig beschädigt schräg über dem aufgeblasenen Airbag. Natürlich, die Frontseite war zu stark zerstört. Man würde also weiter an der Widerstandskraft des Kunststoffs arbeiten müssen. Aber das war fast zu erwarten gewesen. Wieso um alles in der Welt waren alle so entsetzlich still? Um ihn lagen Splitter. Sie verteilten sich weit in das Testgelände hinein, zu weit. David ging langsam einen weiteren Schritt auf die Abgrenzung des Testfeldes zu. Es knirschte unter seinen Füßen. Wie Geschosse mussten sich die kleinen Teile bis in den Sicherheitsbereich der Tester verteilt haben. David stockte der Atem. Dass die Bremsen versagten, das war vorstellbar, aber dass der Kunststoff zur Gewehrkugel mutieren konnte …

»Wo ist Müller?« fragte David in die Runde. Man wich seinem Blick aus. »Müller hat doch die Tests geleitet! Es muss ihm doch aufgefallen sein, dass der Kunststoff diesen Belastungen noch nicht standhält. Könnten Sie Herrn Müller zu mir bitten!« David wurde nervös. Das anhaltende Schweigen machte ihm Angst. »Herr Müller ist eben ins Krankenhaus gebracht worden«, sagte endlich ein blasser, schmaler junger Mann. »Er sah …« Sein gequältes Gesicht ließ ahnen, wie Alois Müller ausgesehen hatte. Wie er ausgesehen haben konnte, zeigten ihm die Splitter am Boden. Ein Wunder, dass es nur Müller erwischt hatte. »Wohin?« fragte David fordernd. »Ins Zentrale.« David drehte sich auf dem Absatz um und ging zügig, aber würdig vom Ort des Geschehens. Am Eingang kam ihm der erste Polizist entgegen. »Sie können den Unfallort nicht verlassen.« Offensichtlich wusste der nicht, wen er vor sich hatte. David zog die Augenbrauen zusammen und begann seine Faust in die offene Handfläche zu schlagen. Was hatte die Polizei so lange gebummelt? Man hätte längst den ganzen Tatort beräumen können. Und dann wäre es auf ihn, auf die Firma zurückgefallen. Man hätte ihm unterstellen können, er wolle verheimlichen, vertuschen, was auch immer. Am liebsten hätte er geschrien. Aber er unterdrückte den Wunsch und presste hervor: »Ich war nicht Zeuge des Unfalls, mein Herr. Kümmern Sie sich um den Unfallort. Wenigstens waren die Kollegen der Notrettung etwas schneller als dein Freund und Helfer die Polizei.« David atmete tief ein und aus. »Ich bin auf dem Weg, meinen Mitarbeiter im Krankenhaus aufzusuchen, mein Herr, und der Familie unsere Unterstützung zuzusagen. Sie können mich jederzeit in meinem Büro erreichen.« Verblüfft nahm der Polizist die Karte entgegen. Ehe er etwas erwidern konnte, saß David in seinem Wagen. Der Chauffeur steuerte von der Auffahrt herunter Richtung Stadt.

Das Zentrale, wie alle es nannten, lag am Rande des Stadtwaldes. David ließ sich direkt vor die Notaufnahme fahren und sprang aus dem Wagen, bevor sein Fahrer reagieren konnte. »Parken Sie den Wagen irgendwo im Klinikgelände. Ich finde Sie dann schon.«

Noch an der Tür stieß er mit einer Schwester zusammen. »Bitte, ist hier eben ein Unfall eingeliefert worden? Vermutlich Kopfverletzung …« – »Sind Sie ein Verwandter?« – »Nein.« »Dann dürfen wir Ihnen keine Auskünfte geben.« – »Ich bitte Sie, machen Sie doch eine Ausnahme. Es war ein Unfall in unserem Betrieb. Ich bin gewissermaßen sein Chef.« – Prüfend sah die Schwester ihn an, dann senkte sie für Sekunden den Blick. »Der Mann ist vor wenigen Minuten verstorben.«

10

David hielt nun schon seit Stunden ihre Hände in den seinen. Sie waren kalt wie Eis. Weder heißer Kaffee noch Tee hatte sie wärmen können. Sie sprachen nicht miteinander. Was hätten sie sich jetzt sagen sollen? Aus dem romantischen Abend war bitterer Ernst geworden. David war sich dessen bewusst, dass er damit gespielt hatte. Aber die Realität war etwas anderes als seine nächtlichen Hirngespinste. Irgendwann musste er in die Nacht hinausgehen. Bei ihr zu bleiben, heute, nach diesem Tag, war ihm im Moment unvorstellbar, auch wenn er sich darüber klar war, dass er für sie die Verantwortung trug. Er würde sie bitten, bei ihm zu wohnen, irgendwann.

Die Stunden verrannen. »Meine Mutter wird kommen«, sagte Batseba unvermittelt, »und sein Bruder ist unterwegs. Vielleicht solltest du gehen. Ehe sie da sind.« David nickte und erhob sich. Er ging in den Flur und nahm sein Jackett von der Garderobe. Sie stand in der Tür und sah durch ihn hindurch. David war sich nicht sicher, was sie sah oder vielleicht auch nur sehen wollte. Als er schon die Hand auf der Klinke liegen hatte, öffnete sie noch einmal den Mund: »Ich bekomme ein Kind … Du wirst Vater.« – »Wie kannst du dir so sicher sein …« – »Ich habe es ihm heute Morgen gesagt. Er war … er war schockiert. Alois kann …« Sie senkte den Blick und biss sich auf die Lippen. »Alois konnte … keine Kinder zeugen.«

Wie nach einem schweren Schlag zog David den Kopf ein. Seine Kehle war trocken und wie zugeschnürt. Es war ihm unmöglich, etwas zu erwidern. Stumm verließ er die Wohnung. Als er das Treppengeländer ergriff, dachte es plötzlich in ihm: Aber ist es denn meine Schuld, dass Alois keine Kinder zeugen konnte?

11

Die Untersuchungen zogen sich in die Länge. Man stellte Fragen und sperrte die Halle. An eine Produktion vor der Messe war nicht mehr zu denken. Erst sechs Monate später

hielt David den Bericht in seinen Händen. Die Ermittlungen wurden eingestellt. Erleichtert atmete er auf. Den Betrieb traf keine nachweisbare Schuld. Es war ein Unfall, ein bedauerlicher, schwerer, aber doch eben ein Unfall. David stellte sich vor, wie alle Aufsichtsratsmitglieder vielleicht gerade in diesem Moment die Unterlagen in den Händen hielten. Und er war rehabilitiert. Es traf ihn keine Schuld. Und es war eine Geste der Freundlichkeit und der erst in den letzten Monaten gewachsenen Liebe, dass Batseba Müller morgen in seine Wohnung ziehen würde. Es gab keinen Grund, sich die Mäuler zu zerreißen, Gott sei Dank gab es keinen Grund. Und Ingrid würde mit Sicherheit nichts über seine Informationssuche ausplaudern. Vielleicht hatte sie die ganze Geschichte von damals auch längst vergessen. Das wäre das Einfachste.
Die Wechselsprechanlage riss ihn aus seinen Gedanken. »Nathanael Seher würde Sie gern sprechen.« – »Aber gern doch.« Mit offenen Armen ging David auf Nathanael zu. »Du hast dich rar gemacht in letzter Zeit!« Nathanael zuckte unverbindlich mit den Schultern. »Willst du Kaffee, Tee?« – »Tee wäre mir lieber.« David drehte sich zum Schreibtisch um: »Zwei Tee, bitte«, sagte er in die Sprechanlage. »Komm, setz dich. Was führt dich zu mir?« – »Dies und das.« Nathanael wirkte nervös und entschlossen zugleich. »Ich habe eine Geschichte von der Rennbahn gehört. Sie wird dich interessieren. Nebenbei könnten sie vielleicht sogar deinen Rat gebrauchen.« Alles, was er sagte, schien gut überlegt und sehr wichtig zu sein. David wunderte sich: Seit wann interessierte sich Nathanael für die Rennbahn? »Oh, das ehrt mich ja. Hat man mich als Pferdenarren enttarnt? Dann leg los.«

Nathanael sah zur Tür. Er wartete, bis Ingrid ihnen den Tee servierte und den Raum verließ, erst dann begann er zu erzählen. »Der kleine Stall, den du schon eine Weile beobachtest, hat, wie du weißt, seit einiger Zeit eine außergewöhnliche Stute.« David nickte. Es war wirklich ein ausnehmend schönes Tier. Und sie lebte in einem wirklich erstklassigen Gestüt. Nicht reich und nicht besonders erfolgreich, aber sicher das liebevollste weit und breit. »Vor ein paar Tagen bekam das große Gestüt am Rand der Stadt … Du weißt schon, die letztens so erfolgreich in der Araberzucht waren.« David nickte. Nathanael fixierte ihn scharf, fuhr dann aber fort. »Ja, also die bekamen eine Anfrage, ob sie an dem großen Querfeldeinrennen teilnehmen wollen.« David grinste. Das Rennen war so beliebt wie berüchtigt. Kaum eines der Pferde verließ es unverletzt. Ein Stall von Rang und Namen vermied die Teilnahme, wenn es auch viele gab, die gerade auf diesem Derby die Qualität eines Jockeys erkennen wollten. Die Strecke stellte höchste Anforderungen an die Führung des Tieres. »Sie nahmen die Herausforderung an, denn wenn einer ihrer Jockeys dort heil raus käme, das wäre die größte Werbung für das Gestüt, die man sich vorstellen könnte. Aber man wollte natürlich kein eigenes Tier opfern. Also machten sie einen Vertrag mit dem kleinen Gestüt und borgten sich unter scheinheiligen Gründen die Stute aus. Den Rest kannst du dir denken.« – »Das ist ja eine unglaubliche Geschichte! Wer lässt denn so etwas zu? Kann man die Leute nicht vor Gericht stellen? Das ruiniert das kleine Gestüt. So ein Tier bekommen die nie wieder! Hast du das schon mal mit jemandem aus der Rechtsabteilung besprochen? Das kann man doch nicht so stehen lassen!« David war aufgesprungen und lief erregt hin und her. Dann griff er nach dem Telefon. Nathanael saß fast zusammengesunken auf seinem Sessel. »Das würde ich lassen, David.« – »Bitte?« – »Ich würde da nicht anrufen« – »Warum nicht? Ich verstehe dich nicht!« Nathanael straffte sich und sah David in die Augen: »Nein, ich habe mit niemandem aus der Rechtsabteilung darüber gesprochen, David. Ich glaube kaum, dass dir das recht wäre. Denn du bist der Mann.« Für den Bruchteil einer Sekunde stand David wie vor den Kopf geschlagen da. Wie, er war der Mann? Er würde doch nie der Stute seines Lieblingsgestüts etwas zuleide tun. Nathanael war aufgestanden und hatte die Hand auf seine Schultern gelegt. Nathanael. Der Geschichtenerzähler. Der Parabelerfinder. Der Textdeuter, Menschenkenner. Nathanael meinte nicht das Gestüt draußen vor der Stadt. Er meinte ein anderes Gestüt. Nein, kein Gestüt, sondern zwei Männer ... David zuckte unter Nathanaels Berührung zurück. »Du meinst mich, nicht war? Ich bin der Mann, der das große Gestüt leitet. Der Erfolgsmensch: bekannt, reich. Der Mann, dem die Frauen nicht widerstehen können. Du meinst mich ... Und Müller.« David war blass geworden. Und er, er, David, hatte das Glück des Alois Müller zerstört. Mehr noch. Nichts brachte ihn zurück.

Vielleicht hatte er auch Batsebas Leben zerstört? Mochte sein, dass er vor Gericht unschuldig war, in Nathanaels Augen war er das nicht. Und in Gottes Augen ... Seinen Glauben hatte David in den letzten Wochen aus seinem Leben ausgesperrt. Aber Gott blieb nichts verborgen. Ihn konnte er aus seinem Gedächtnis verdrängen, aber er blieb dennoch da. Ja, dem, der sie immer umgab, ihm war seine Schuld

nicht verborgen. Würde Gott ihn nun vernichten? Was würde aus Batseba werden? Wie straft Gott? So wie in der Bibel? Oder ganz anders, subtiler? David spürte Panik in sich aufsteigen. »Was soll ich tun? Hilf mir, Nathanael!« David hatte die Worte mehr geflüstert als gesprochen. Nathanael hatte sie dennoch verstanden. »Euer Kind wird …«
Hart schlug die Tür an die Wand. Ingrid stand im Raum: »Chef, das Krankenhaus hat angerufen. Die Gynäkologie. Frau Müller bittet Sie zu kommen. Es ist … es ist … etwas Schreckliches …« Nathanaels Worte, Ingrid Blick – David wusste instinktiv, was geschehen war. Er rannte aus dem Büro, stürzte die Treppe hinunter. Es schien ihm unerträglich, auf den Fahrstuhl zu warten. Sein Chauffeur stand rauchend neben dem Wagen. David riss die Beifahrertür auf: »Fahren Sie mich zum Krankenhaus, schnell!« Die Straße schien sich endlos durch die Stadt zu winden. Und alle Ampeln hatten sich gegen sie verschworen. Am Krankenhaus sprang David aus dem Auto und lief zum Pförtner. »Die Entbindungsstation, wo ist die?« Der Pförtner erklärte ihm lächelnd den Weg. Es schien, als habe er schon öfter nervösen werdenden Vätern den Weg gewiesen. Aber David wusste, dass es ein Irrtum war. Es war zu früh, viel zu früh. Nathanaels Andeutung und Ingrids Blick. Mehr brauchte es dazu nicht. Vor der Tür der Station stoppte er und atmete durch. Was sollte er Batseba sagen? Es war seine Schuld, allein seine! Was maßte sich Gott an, sein Kind zu fordern! Aber was sollte er Batseba sagen? Was? Ihm fiel nichts ein. Unruhig rannte er auf und ab. Eine Schwester kam aus einem der Zimmer. Sie sah ihn fragend an. Was sollte er sagen? War er nicht viel zu überstürzt hierher gelaufen? Aber wie sollte er

seine Anwesenheit erklären? »Ich möchte zu Frau Müller«, sagte er leise. Man hatte ihr ein Einzelzimmer gegeben. Unschlüssig stand David vor der Zimmertür. Sollte er jetzt gehen? Fliehen? Wenn sie schon hier in diesem Zimmer lag, dann musste es unendlich schnell gegangen sein. Was sollte er ihr sagen? David fühlte sich ausgelaugt und erschöpft. Er lehnte sich neben der Tür an die Wand. Was, was nur sollte er ihr sagen? Gott, vergib mir! Du kannst mich strafen, den Betrieb, alles, nur nicht sie! Lass mich irren, Gott, lass alles gut werden. Vergib mir, hilf mir, lass mich neu anfangen! Rhythmisch schlug David den Kopf gegen die Wand.

Irgendwann zwang er sich, sich umzuwenden, die Hand zu heben und zu klopfen. Dann trat er ein.

Batseba sah nicht auf. Sie starrte in eine Ecke unterhalb des Fensters. David trat leise zu ihr. Sie wirkte zerbrechlich, zusammengedrückt unter einer Last, die nicht zu sehen war. Wie begraben. Es war vorbei. Gott hatte gesprochen. Oder hatte er nicht gesprochen? War es Schicksal? Psychologie der Schuld? Oder gab es eine Chance, trotz allem, was geschehen war? David streckte die Hand aus und berührte die Decke. Nichts rechtfertigte ihr Leiden. Nichts von dem, was er getan hatte, wozu er sie verleitet hatte ... Auch seine Liebe nicht. Er musste blind gewesen sein, dass er das nicht gesehen hatte. David strich zärtlich über die Decke, streichelte ihre Hand. Wird sie ihm vergeben? Wird Gott ihnen vergeben? Er ließ sich neben dem Bett auf die Knie sinken, nahm behutsam ihre Hand in die seine, legte seinen Kopf darauf und begann das erste Mal in seinem Leben aus tiefster Seele zu weinen.

Erbe des Glücks

Und Esau sprach:
Hast du mir denn keinen Segen vorbehalten?
1. Mose 27,36

Wenn ich etwas hätte werden sollen, dann Rechtsanwalt. Stattdessen wurde ich Lehrer. Ich bitte Sie, was ist ein Lehrer heutzutage? Nichts anderes als der Prügelknabe der Nation! Man soll für die Zukunft des Landes wirken und ist doch kaum in der Lage, in die Köpfe etwas leidlich Sinnvolles hineinzubringen. Aber man erlebt natürlich Überraschungen. Und Skurriles und Geschichten, die das Leben schreibt. Man spürt den Puls der Zeit, ja ist ein Teil davon. Insofern ist es auch ein Glück, Lehrer zu sein oder gewesen zu sein - wie ich. Manche Geschichten gehen einem nach. Sie sind so verfahren wie hoffnungsvoll. Und wenn man, oft nach Jahren erst, ihre Fortsetzung erfährt, ist man überrascht.
Mein besonderes Interesse galt von jeher den Zwillingen in meinen Klassen. Sie waren sich oft äußerlich sehr ähnlich und innerlich verschieden wie Tag und Nacht. Anderen sah man es kaum an, dass sie am selben Tag geboren waren, wie Jan und Eric. Ihre Entwicklung zu beobachten war spannend und lehrreich zugleich. Vielleicht sind die beiden auch der Auslöser für mein Interesse gewesen? Denn ihre Klasse war meine erste »eigene«, und es blieb für mich immer eine besondere Beziehung zu ihr.
Eric war körperlich ein Bulle: starke Schultern, ungebändigte Haare, eigenwillig; Jan dagegen der Liebling der Lehrer, ja

des ganzen Dorfes. Ein netter und höflicher Junge. Und als er größer wurde: der Traum der zukünftigen Schwiegermütter. Die beiden Brüder lagen in einem ständigen Kampf. Jan fiel alles zu. Auch in meinem Unterricht. Ich lernte das ungleiche Paar in der 5. Klasse kennen. Jan gehörte stets zu den Besten. Eric dagegen musste sich alles erringen: vom Lesen angefangen über das Rechnen bis hin zu den Dichtern und Denkern, mit denen er sich dann bei mir befassen musste. Er war das, was man einen Naturburschen nennt: ein Mensch, der sich am liebsten unter freiem Himmel aufhält und dort eigene Wege geht. Ich mochte sie beide. Jan wegen seines beweglichen und freundlichen Geistes, Eric wegen seiner geradlinigen Ehrlichkeit.

Zu damaliger Zeit war es noch üblich, dass der Klassenlehrer einmal im Jahr die Eltern aufsuchte. Als ich die Klasse von Jan und Eric übernahm, lernte ich zwangsläufig auf diese Weise auch ihre Eltern kennen. Sie gehörten zu den wenigen verbliebenen Unternehmern am Ort und hatten es deshalb nicht leicht. Der Betrieb war nicht groß, aber stabil. Die Eltern verbanden viele Hoffnungen mit ihren Jungs. Allerdings, wie mir schnell auffiel, jeder in eigener Weise. Der Vater liebte den nur wenige Minuten älteren Eric, die Mutter Jan. Jeder hoffte, dass sein Favorit den Betrieb übernehmen, die Zukunft der Familie sichern und das Erbe weitertragen würde. Ich versuchte mehrfach, ihnen diese ungesunde Konkurrenz deutlich zu machen, jedoch vergeblich. Vor allem der Vater war geradezu blind für die möglichen Konsequenzen.

Wie es der Natur der Jungen entsprach, wechselte Jan nach der 8. Klasse auf die Erweiterte Oberschule, wie das damals hieß. Eric blieb in meinem Unterricht und schloss die 10. Klasse mit einem recht soliden Zeugnis ab. Allein dieser Umstand hätte dem Vater das Ungleichgewicht deutlich machen können. Aber er war, wie gesagt, blind für alles, was seinen Wünschen für Eric entgegenstand.

Die politischen Entwicklungen Ende der 1950er Jahre erschwerten den kleinen Betrieben, die noch in privater Hand waren, das Leben. Und man musste befürchten, dass sie alle, früher oder später, enteignet werden würden. Der Vater von Jan und Eric, ein Unternehmer alter Schule, wehrte sich vehement dagegen. Habe ich die Nazis überstanden, pflegte er zu sagen, werden mich die Kommunisten auch nicht brechen. Eric begann im Betrieb eine Lehre, Jan wollte nach dem Abitur studieren. Der Vater, dem die zunehmenden Angriffe zu schaffen machten, plante wohl, die Nachfolge vorzeitig zu entscheiden. Vielleicht dachte er, dass ein Jüngerer mehr Standfestigkeit gegen den wachsenden Druck hätte.

Es war in jenem Sommer des Jahres 61. Die politische Wetterfahne wies auf Sturm, aber zumindest ich ahnte nicht, welche Auswirkungen der Orkan auf uns alle haben würde. Jan hatte vor wenigen Wochen das Abitur abgelegt und sollte seine Ferien genießen. Stattdessen stand er mitten in einer regnerischen Sommernacht vor meiner Tür und war sichtlich verängstigt. Ich bekam kein Wort aus ihm heraus, nur dass er schnellstens über die Grenze müsse. Das war ein schwieriges und nicht ganz ungefährliches Unterfangen. Seine Mutter hatte ihm die Adresse eines entfernten Verwandten im Westen zugesteckt, auch eines Unternehmers in der Metallbranche. Und mich bat er um Hilfe, ihn zu erreichen.

Was hätte ich tun sollen? In der Rückschau wundere ich mich heute, dass ich mich auf dieses Abenteuer einließ. Aber er war einer meiner Schüler gewesen. Ich trug - in gewisser Weise - noch immer Verantwortung für ihn. Und ich war weit davon entfernt, mich in das neue System nahtlos einfügen zu wollen. Die Erfahrungen der zwölf Jahre zuvor hatten mich vorsichtig werden lassen. Man lädt so schnell Schuld auf sich. Vielleicht lag es auch daran, dass er und sein Bruder zu meinen ersten Schülern gehörten? Und die erste Liebe vergisst man nicht. Kurz: Ich konnte und wollte ihm meine Hilfe nicht versagen. Auch wenn er sich weigerte, mir zu erklären, warum er floh. So verängstigt und irritiert, wie er wirkte, mussten die Gründe triftig sein. Ich ließ ihn ein. Er verbrachte die Nacht auf einer Liege bei mir und ich fuhr ihn am Morgen mit meinem Moped zur Bahn in die nahe gelegene Stadt. Und weg war er.

Ein Dorf kann keine Geheimnisse bewahren. Schon am nächsten Tag raunte man sich zu, es hätte im Hause von Jan und Eric mächtigen Ärger gegeben. Eric sei außer Rand und Band und Jan verschwunden. Man könne sich ja denken, wohin. Eric war in dieser Zeit kaum ansprechbar. Ich hatte ein schlechtes Gewissen ihm gegenüber. Aber ich schwieg. Was hätte ich ihm erzählen sollen? Sein Hass war offensichtlich. Vielleicht hätte er Jan erschlagen, wenn er ihn gefunden hätte?

Zu unser aller Überraschung wehrte sich der Vater bald darauf nicht mehr gegen die »feindliche Übernahme«, wie er es immer genannt hatte. Das Werk ging in Volkseigentum über, man gestand ihm aber zu, den vormals eigenen Betrieb weiter zu leiten. Allerdings musste er einen Raum in der

Etage der Betriebsleitung für den Betriebsparteisekretär einrichten.

Für die nächste Überraschung sorgte Eric, der wenig später die hübsche Tochter des Parteisekretärs zum Standesamt führte. Es ist unschwer zu erraten, dass seine Eltern über diese Wahl wenig glücklich waren. Da er mit seiner Frau im elterlichen Haus wohnen blieb, waren Auseinandersetzungen unvermeidlich. Eric, der weder mit seiner Frau noch mit seinen Eltern wirklich glücklich war, kam oft zu mir und klagte sein Leid. Für Uneingeweihte unsichtbar, prägte das Zerwürfnis mit seinem Bruder sein Leben. Zwischen ihnen herrschte eisiges Schweigen. Eric wusste, dass der Bruder irgendwo im Westen bei einem Verwandten war. Mehr wollte er auch nicht wissen. Ich war ihm dafür dankbar. Mit den Jahren legte sich sein Hass. Aber mein schlechtes Gewissen blieb. War ich nicht in gewisser Weise mitschuldig an ihrer Entfremdung? Auch wenn Eric aus der Sicht vieler sich dem System angepasst, wenn er eine Frau geheiratet hatte, die seine Karriere sicherte, wusste ich doch, dass es in seinem Innern anders aussah. Also öffnete ich ihm meine Tür auch weiterhin, selbst wenn unsere Vertrautheit bei manchem für Befremden sorgte.

Außerdem gab es andere Probleme zu lösen. Eric war vielleicht nicht so klug und geschickt wie sein Bruder, aber er war ein fleißiger und stetiger Arbeiter, qualifizierte sich und übernahm schließlich die Leitung des Betriebes aus den Händen des Vaters. In gewisser Weise verstand er sich selbst als Treuhänder des Familienerbes, nie aber als heimlicher Besitzer. Es war ein immer wieder abenteuerliches Unterfangen, den Betrieb aufrecht und funktionsfähig zu erhalten. Das forderte Erics ganze Kraft.

Jan blieb verschwunden. Die Mauern wuchsen, äußerlich, aber auch innerlich. Wir merkten es kaum. Der Westen war das goldene Land, in dem alles frei und gut war. Bei uns musste die Kreativität das fehlende Material ersetzen. Schulisch durchliefen wir harte Jahre der Auseinandersetzungen. Lehrer, die wie ich nicht der Partei angehörten, hatten es schwer. Es gab auch für mich genügend andere Sorgen. Eric wurde Vater und arbeitete. Ich lebte für die Schule und versuchte, nicht zu oft anzuecken. Mit den Jahren hatte sich zwischen Eric und mir eine tiefe Freundschaft entwickelt, und wir sahen uns regelmäßig, sprachen aber nie über die alten Zeiten.

Das änderte sich schlagartig im September des Jahres 1989. Viele meiner ehemaligen Schüler verschwanden im August und kehrten von ihrem Urlaub in Ungarn nicht zurück. Andere sah ich im Fernsehen wieder, wie sie verzweifelt und unter unerträglichen Bedingungen in der deutschen Botschaft in Prag ausharrten. Wie überall im Land sammelten sich auch in der kleinen Stadt in unserer Nähe die Menschen, um gegen die Zustände zu protestieren. Eric gehörte zunächst nicht zu ihnen. Er kam öfter als sonst zu mir, und wir redeten über das, was unter uns aufbrach. Der September war ein Monat der Unsicherheit und der Wut, der Oktober wandelte sich schnell zu einem des freudigen, mutvollen Staunens.

Mit seinem gradlinigen Denken erfasste Eric sehr schnell, dass es – bei den gegebenen Bedingungen – nicht bei einer erneuerten DDR bleiben würde. »Was glaubst du, was gesche-

hen wird?« fragte er mich in dieser Zeit. »Ich fürchte mich vor dem, was kommt. Jetzt mag es so aussehen, als ob es besser wird. Aber sieh dir doch unseren, meinen Betrieb an. Er ist nicht zu halten. Wenn sich da was ändert, wird sich alles ändern. Ich weiß, alle freuen sich. Meine Frau ist aus der Partei ausgetreten und hat das Gefühl, sich endlich nicht nur von der Bevormundung, sondern auch von ihrem Vater befreit zu haben. Die Arbeiter bei mir im Betrieb träumen jeden Tag von einer besseren Welt. Das ist ja alles gut und schön, aber was wird wirklich kommen? Ich habe Angst.« Was sollte ich dazu sagen? Ich fühlte mich frei und ungebunden wie nie. Endlich war es möglich, das zu sagen, was man wollte. Endlich war ich nicht mehr der Außenseiter, der nicht in der Partei war, sondern ein älterer Kollege, dem man freundlich auf die Schulter klopfte, auf der Demo traf. Das Leben fing im Oktober an zu blühen.
Wir alle begannen, die Zukunft wieder zu lieben. Aber Eric wurde immer stiller. Das stand in so auffälligem Gegensatz zur allgemeinen Lage, dass ich ihn eines Abends bei mir zur Rede stellte. »Was ist los mit dir? Freust du dich nicht, dass sich endlich etwas tut?« – »Doch, schon, aber …« – »Was, aber? Ich kann mich noch gut daran erinnern, wie sich dein Vater gegen die Verstaatlichung gewehrt hat. Aber es war nicht zu umgehen. Stell dir vor, vielleicht bist du in einem halben oder einem Jahr nicht mehr nur der Direktor, sondern mehr noch, der Besitzer deines Betriebes. Dann stellst du die Anlagen nicht mehr nur für andere her …« – »Es ist nicht mein Betrieb!« – »Ja, jetzt ist es noch nicht dein Betrieb. Aber glaubst du nicht, dass die enteigneten Betriebe zurückgeführt werden müssen?« – »Sicher, davon ist auszugehen,

trotzdem ist es nicht mein Betrieb.« – »Das verstehe ich nicht.« – »Das ist vielleicht ganz gut so.« Eric schwieg wieder, und ich machte mir so meine Gedanken.
Mitten in der folgenden Nacht wachte ich plötzlich auf und konnte eins und eins zusammenzählen. Eric war der Ältere. Sein Vater hatte mit Sicherheit damit gerechnet, dass er eines Tages den Betrieb übernehmen würde. Ja, er wollte es immer. Vielleicht plante er, ihm die Rechte früher zu übertragen. Das wäre klug gewesen, denn so hätte Eric mit seiner jugendlichen Kraft den Betrieb vielleicht in den eigenen Händen halten können. Aber etwas war schief gegangen. Und es erschien mir in dieser Nacht völlig logisch, dass das in engem Zusammenhang mit Jan stand, mit seinem Verschwinden und dem jahrelangen Schweigen. Möglicherweise hatte auch die Mutter ihre Hände im Spiel. Denn sie hatte ja Jan die Adresse gegeben, die Adresse im Westen, an die er sich wenden konnte. Gesetzt den Fall, überlegte ich, sie hätten das Erbe vollständig auf einen ihrer Söhne übertragen und der Mutter wäre es gelungen, dass Jan dieser Eine war? Dann wäre Eric leer ausgegangen. Und er war der Ältere. Aber was galt das Testament, solange die Grenzen geschlossen blieben? Oder wenn sich das System nicht änderte? Im Grunde nichts, denn der Betrieb war ja kein Privateigentum. Würde das auch unter geänderten Bedingungen gelten? Soweit ich wusste, gab es die Möglichkeit, das Erbe vollständig auf eine Person zu übertragen, nicht im Westen, sondern nur bei uns. Doch gerade die Öffnung der Grenzen wurde auf den Demonstrationen der letzten Wochen immer lauter und lauter gefordert. Erich Honecker war zurückgetreten, Egon Krenz hatte das Ru-

der übernommen, ohne wirklich den Kurs zu ändern. Jeden Tag geschah etwas Neues und Unerwartetes. War es da nicht nur eine Frage der Zeit, bis ... Ich lag den Rest der Nacht wach und dachte über Jan und Eric, über unser Land nach.

Es ist ungerecht, dachte ich. Jan ist in den Westen gegangen und hat - wie auch immer - dort all die Jahre ein gutes Leben gehabt, nehme ich an. Und Eric hat sich hier durchgeschlagen, hat einen Parteisekretär zum Schwiegervater gehabt, der ihm das Leben schwer machte, weil er selbst nicht in der Partei war, hatte gekämpft um seine Kinder, sich mit seiner Frau gestritten und war finanziell nie auf den berühmten grünen Zweig gekommen. Jetzt, mit Ende 40, könnte er noch einmal neu anfangen. Und dann kommt sein Bruder - vielleicht - und die großen Pläne sind vorbei. Ich verstand, dass Eric den Veränderungen mehr als skeptisch gegenüberstand.

Doch war es denn angemessen, die Entwicklungen so pessimistisch zu sehen? Wer weiß, welchen Beruf Jan ergriffen hatte. Möglicherweise interessierte ihn das alles gar nicht. Oder es war ein großes Glück, einen kleinen Bruder im Westen zu haben, der einen unterstützen konnte. Außerdem: War eine Versöhnung nach all den Jahren nicht überfällig? Ich beschloss, Eric ein wenig zu ermuntern, vielleicht sogar selbst die Initiative zu ergreifen und dem Bruder entgegenzugehen.

In der Nacht vom 9. auf den 10. November hatte ich einen großen Stapel Arbeiten zu korrigieren, als es Sturm klingelte. Vor der Tür stand Eric und schaute mich mit glänzenden Augen an. So aufgekratzt und glücklich hatte ich ihn seit Wochen nicht gesehen. Er schob mich wortlos ins Wohnzimmer und schaltete den Fernseher an. Ungläubig starrte ich auf die Bilder. Das gab es nicht, das war unmöglich. So schnell?! Aber es musste wohl wahr sein. Die Grenzen waren offen. Und ich war live dabei, gewissermaßen. Eric saß mit tränennassen Augen neben mir. Uns fehlten die Worte. Irgendwann sagte Eric: »Ich weiß, dass du damals Jan geholfen hast zu fliehen.« Ich zuckte zusammen. Mein schlechtes Gewissen meldete sich. Ich hatte ihm nie von jener Nacht erzählt. »Ich habe ziemlich viel nachgedacht in letzter Zeit. Hättest du damals anders gehandelt, würde Jan jetzt nicht mehr leben ... glaube ich. Ich habe ihn wirklich gehasst, weißt du. Meine Mutter war eine schlaue Frau. Sie hat Jan unterstützt, den Vater auszutricksen. Und er hat das falsche Papier unterschrieben, das falsche Testament. Und sie hat Jan geholfen, davonzukommen – mit einem Duplikat des Dokuments versteht sich. Jetzt, da die Grenzen auf sind, wird er früher oder später kommen und sein Erbe antreten. Ich fühle es. Aber ich kann damit leben. Er ist immer der Klügere von uns beiden gewesen, der geschicktere. Und Vaters Erbe sollte in die Hände dessen gelegt werden, der es auch ausfüllen kann. Ich weiß nicht, was vor uns liegt, aber ich bin mir sicher, dass ich nur das leisten kann, was ich im Moment leiste. Für einen Neuanfang, einen Aufbruch in die Zukunft brauchen wir einen, der anders ist, beweglicher. Er ist das alles immer gewesen. Ich bitte dich, gib mir die Adresse. Ich möchte, dass er nach Hause kommt.« Sprachlos saß ich neben dem im Vergleich zu mir jungen Mann und staunte über seine Weisheit. Mag sein, er war kein schneller Denker, nicht gewitzt, aber seine

Gradlinigkeit, seine tiefe Ehrlichkeit ließen ihn Größe zeigen, gerade da, wo sie am nötigsten war.
Ich hatte mir die Adresse damals nicht geben lassen und konnte Eric nicht weiterhelfen. Er war ehrlich enttäuscht. Aber er bat mich zu sich nach Hause, damit wir dennoch diese besondere Nacht feiern konnten. Und dort wurden wir wiederum verblüfft. Es war eine Nacht der Überraschungen. Erics Frau erwartete uns mit einer Flasche Sekt im Wohnzimmer. Vor ihr stand ein Kästchen, eine geschnitzte Schatulle. Eric lächelte, als er sie sah. »Das war Mutters Schatulle. Wir wollten sie immer öffnen, aber Mutter hatte das streng verboten. Sie war ein Wunderding für uns. Eine Art Pforte zu einer anderen Welt. Man konnte sich alles in sie hineinträumen. Ich dachte schon, sie wäre verloren gegangen.« – »Nein, ist sie nicht.«, antwortete ihm seine Frau. »Du weißt ja, dass ich mich mit deinen Eltern nicht immer gut verstanden habe. Aber kurz vor ihrem Tod bat mich deine Mutter zu sich. Wir haben über so vieles gesprochen, und sie gab mir die Schatulle. ›Gib sie Eric erst, wenn sich der politische Wind dreht‹, hat sie gesagt. ›Irgendwann wird sich etwas ändern, und dann braucht er die Adresse seines Bruders. Bis dahin lege ich sie in deine treuen Hände.‹ An diesem Abend habe ich mich mit ihr ausgesöhnt.« Sie schwieg einen Augenblick, dann sah sie Eric an. »Und nun ändern sich die Verhältnisse. Die Schatulle gehört dir.«
Es war bewegend, Zeuge dieses Abends zu sein. Eric setzte sich auf das Sofa und stellte die Schatulle auf den niedrigen Tisch zurück. Dann nahm er den Schlüssel aus den Händen seiner Frau und öffnete das Kästchen. Es enthielt einige amtliche Papiere, deren Inhalt ich mir gut vorstellen konnte, und

die Adresse des Onkels, bei dem Jan gewohnt hatte. Dazu einen Stapel Briefe an die Mutter. Eric faltete die Hände wie zum Gebet und besah sich den kleinen Stapel. Unglaube, Trauer, Freude, schmerzhafte Erinnerungen spiegelten sich in kurzer Folge auf seinem Gesicht. Er legte die Finger an die Augen, wie um sich zu konzentrieren. Dann sah er uns an: »Wir wollen heute Nacht neu beginnen. Wir haben die unglaubliche Chance, noch einmal anzufangen. Morgen lade ich Jan zu uns ein.«

Und er kam. Am letzten Tag des Jahres holte ihn Eric vom Bahnhof ab. Es war nicht kalt, so um die null Grad, aber ich fror vor Aufregung, obwohl ich an diesem Abend die beiden nicht sehen würde. Die halbe Nacht verbrachte ich damit, den zahlreichen Raketen zuzusehen, die den Himmel immer wieder einmal erhellten, und über mein Leben nachzudenken. Und mein Herz war bei den Zwillingen, die sich zum ersten Mal nach achtundzwanzig Jahren gegenüberstanden. Wenn es einen Neuanfang nach dem Unrecht geben sollte, so beruhte er auf Erics innerer Größe und Jans freundlichem Wesen.

Ich musste mich bis zum nächsten Abend gedulden. Erst dann kam der ersehnte Anruf, dass sie mich gern besuchen würden. Ich hätte Jan in dem noch jugendlich wirkenden, durchtrainierten Mann wohl kaum wiedererkannt. Aber er nahm mich Alten wortlos in die Arme. Eric lächelte ein wenig unsicher. Verlor er mich jetzt an seinen Bruder? Aber dafür bestand keine Gefahr. Zu vieles verband uns all die Jahre hindurch. Ein alter Mann ist ein treuer Mensch. Jan erzählte uns die halbe Nacht von seinem Leben, das uns ein bisschen wie aus dem Märchenbuch vorkam. Aber er verschwieg auch die dunklen Seiten nicht: die ersten Jahre ohne Studienplatz an einem Arbeitsplatz, der einem täglich genommen werden konnte, die finanziellen Sorgen des Onkels, seine eigene Suche nach einem Weg für sich, allein und weit entfernt von der Familie, die Sehnsucht nach Kindern, die sich erst spät erfüllte. Er war viele Umwege gegangen, um zu uns zurückzukehren. Etwas unterließ er, wofür ich ihm bis heute dankbar bin: Er berichtete von sich und wir von uns. Aber er belehrte uns nicht, wie wir es hätten besser machen sollen. Das erlebte ich in jener Zeit von einigen Schülern, die das Land verlassen hatten und uns nun besuchten. Sie erklärten mir mein Leben, mir altem Mann. Jan war darin eine rühmliche Ausnahme. Er hatte seine Lektion gelernt. Und letztlich war es egal, wo er sie gelernt hatte.

Wenn ich einen anderen Beruf hätte ergreifen sollen, dann den des Rechtsanwalts. Dann hätte ich den beiden nun zur Seite stehen können. Aber sie kamen auch ohne meine Ratschläge ganz gut zurecht: Jan übernahm zwar das Erbe, kehrt aber nicht nach Hause zurück. Du hast deine Kreise, ich die meinen, und so wollen wir es lassen, sagte er einmal zu Eric. Nach der Rückführung verband Jan den kleinen Betrieb im Osten mit seinem großen Werk im Westen. Aber er erwies sich als fair. Eric verwaltete das Erbe des Bruders bis zu seiner Rente weiterhin als Chef. Eines seiner Kinder ist auch in die Branche eingestiegen. Und Jan setzt große Hoffnungen in den zweitjüngsten seiner Söhne. Das Recht des Erstgeborenen gilt ihm auch heute noch nicht viel.

Ich weiß nicht, was die Zukunft bringen wird und ob die Kinder der beiden das Erbe in gleicher friedlicher Weise pflegen werden, wie es die Brüder jetzt tun. Zu viel an Streit ist zu beobachten, zu viel an Unrecht geschieht noch immer auf beiden Seiten. Ich bin nun ein sehr alter Mann. Und wenn Jan und Eric, die auch schon in die Jahre gekommen sind, bei mir sitzen, dann erinnern wir uns vor allem an die guten Zeiten und die Versöhnung. Und egal, was geschieht, dieses Zeichen bleibt.

Eine Frage der Schuld

> Danach gewann Simson ein Mädchen lieb im Tal Sorek,
> die hieß Delila.
> Zu der kamen die Fürsten der Philister und sprachen zu ihr:
> Überrede ihn und sieh,
> wodurch er so große Kraft hat
> und womit wir ihn überwältigen können ...
>
> *Richter 16,4*

Sie führten Delia durch einen langen Flur im Keller. Der Weg schien sich mit jedem Schritt zugleich zu verlängern und zu verkürzen. Je länger, je besser, dachte Delia. Ich will es gar nicht sehen. Aber die Tür kam dennoch unweigerlich näher. Sie schien auf sie zuzufliegen. Es war kalt hier unten, kälter als oben auf der Straße. Dort war ein kurzer, verregneter Tag in einen frühen, feuchten Abend übergegangen, hier unten war alles gleichmäßig steril und frostig. Delia hätte den Nieselregen dem Weg durch diesen Gang vorgezogen. Aber die Entscheidung lag nicht in ihren Händen. Die beiden Männer, die sie begleiteten, schwiegen. Der Kommissar hatte sie in wenigen Worten über den Vorfall unterrichtet. Vielleicht befürchteten sie, dass die junge Frau weinen würde oder schreien. Oder sie misstrauten ihr.

Delia betrat den Raum hinter der Tür. Sie gab ihm keinen Namen, auch später nicht. Es war und blieb der Raum hinter der Tür. Auf einer Pritsche sah sie das weiße Tuch. Kein Blut, kein Schrei. All das lag vor der Tür. Hier gab es nur noch eine allgewaltige, vorwurfsvolle Stille. Mit einer Handbewegung bat sie der Kommissar, näher zu treten. Ein Arzt hob sanft das Tuch hoch. Da lag er. Beinahe selig lächelnd, in den immerwährenden Schlaf gefallen. Delia strich sanft über seine Wangen. Sie waren kalt. Die Realität dieses Todes drang durch ihre Fingerspitzen allmählich in sie ein. Es war vorbei. Delia nickte dem Kommissar zu und wandte sich schnellen Schrittes von dem Toten ab. Simon würde allein zurecht kommen. Sie würden allein zurecht kommen mit ihm. Mit ihr hatte das alles nichts mehr zu tun. Sie hatte getan, was getan werden musste. Das Wichtigste war jetzt, zu vergessen und neu anzufangen. Der Raum blieb hinter der Tür zurück. Aus den schnellen Schritten wurde ein langsamer Lauf und schließlich eine hastige Flucht. Erst in der Nässe und Dunkelheit der Straße hielt Delia inne und atmete durch. Es ist vorbei, es ist vorbei, es ist vorbei, sagte sie sich immer wieder. Sie konnte sich später nicht mehr erinnern, wie sie die folgenden Stunden verbracht hatte. Bleich wie der Mond winkte sie irgendwann in der Nacht einem vorbeifahrenden Taxi zu. Die Beine wollten sie nicht mehr nach Hause tragen.

Erste Nacht

Delia wankte mehr, als dass sie ging. Der Taxifahrer sah ihr besorgt nach, aber sie bemerkte seinen Blick nicht. Es war wichtig, dass sie die Wohnung erreichte. Bis dorthin und zusammenbrechen.
Das Telefon klingelte ungeduldig, als sie die Tür aufschloss. Delia?, hörte sie die Mutter fragen, Wo du warst?! Ich angerufen und angerufen und du nicht da! – Mama! – Was

passiert? – Er ist tot. – Wie? – Er ist tot. – Aber gestern er doch war bei dir! – Der Tourbus hatte einen Unfall. – Tourbus? Wieso Tourbus? Was du erzählen! Wieso er war im Tourbus? – Sie haben ihn mitgenommen. – Wie, mitgenommen?! Er freiwillig zu Konzert der Gruppe? Das ich mir nicht vorstellen kann! – Nein, nicht freiwillig. Sie haben ihn mitgenommen. – Das ich nicht verstehe. – Mama, es ist drei. Ich bin müde. Ich will schlafen.
Delia legte auf. Sie war wach und aufgedreht. Sie könnte jetzt nicht zur Ruhe kommen. Aber genauso wenig hätte sie der Mutter erklären können, was in den letzten Tagen geschehen war.
Delia zog sich die Schuhe und den Mantel aus. Dann betrat sie ihr Zimmer. Neben dem Fenster hatte sie sich an der Wand ihren Schrein aufgebaut. Sie nannte es Schrein. Obwohl es einfach ein paar Bilder und einige Kerzen waren, die auf dem Regal standen. Aber ihr gefiel der Begriff, den sie irgendwann in einer Sendung über Japan gehört hatte. Dort hießen sie »Shinto-Schreine«. Hier galt ihr Schrein den SonderSängern, ihren SonderSängern. Es war gut, dass die Polizisten, der Kommissar sie nicht nach den Freunden gefragt hatten, dass sie nicht auch noch sie identifizieren musste. Das wäre ihr um einiges schwerer gefallen. Sie entzündete einige Kerzen neben den Bildern. Die Jungs lachten sie an. Die Vorstellung, dass sie kalt dort unten bei ihm im Keller waren, erschien ihr unglaublich. Vielleicht würden sie sie anrufen, heute Nacht noch, und sagen: Es war Spaß. Wir hatten Spaß mit ihm. Schade, dass du nicht dabei warst. Du hättest dich kaputt gelacht. Er hat sich voll zum Affen gemacht. Richtig geil, ja.

Aber das Telefon schwieg. Delia setzte sich auf das Bett und wartete. Aber es meldete sich niemand. Sie wollte die Hoffnung nicht aufgeben. Sie konnten unmöglich alle tot sein! Das Leben war so ungerecht!

Die Gedanken schossen wie Blitze durch den Kopf und ließen sich nicht fassen. Sie versuchte krampfhaft, sie zu ordnen. Irgendwas muss schief gelaufen sein. Panzerkreuzer baute doch keinen Unfall. Der fuhr wie ein Henker, aber man brauchte keine Angst zu haben, er hatte immer alles im Griff. Und wenn sie 18/88 rangelassen hatten? Aber solange der nüchtern war, musste man sich auch keine Sorgen machen.

Vermutlich wäre Simon morgen ausgezogen, wenn er noch leben würde. Ja, sicher hätte er sich von ihr getrennt und eine neue Wohnung gesucht. Wenn er erfahren hätte, wie sie wirklich war. Aber er hätte einen Denkzettel bekommen. Vielleicht auch ein bisschen mehr. Er ist ein harter Bursche, hatte Panzerkreuzer immer gesagt. Und harte Burschen brauchen eine Sonderbehandlung. Dann hat er immer gegrinst, und sie wusste schon, was das hieß. Panzerkreuzer war stark. Wenn er einen nahm, dann blieb der Atem weg. Aber an sie war er nicht rangegangen. Sie hatte er nicht genommen. Du gehörst nicht zu uns. Wie ein Schlag war dieser Satz gewesen. Aber du kennst den Simon, hatte er dann gesagt. Bring ihn uns. Zeig, dass wir dir was wert sind. Dann können wir uns das alles nochmal überlegen. Allein seine Überlegung wäre ihr fast alles wert gewesen.

Simon war ein Weich-Ei. Immer fragte er blöd. Und alles war negativ, jeder Spaß. Simon war ein Spielverderber. Sie konnte ihn nicht ausstehen. Obwohl er sie liebte. Warum? Wahrscheinlich weil sie so weiches, fließendes blondes Haar hatte. Oder weil ihre Maße stimmten?

Halb vier. Die Nacht verging einfach nicht. Delia zündete die restlichen Kerzen vor dem Schrein an. Das Bandfoto wechselte im flackernden Licht die Farben. Sie holte ihre schwarze Ledermontur aus dem Schrank und schaltete die CD ein. Den Lautstärkeregler drehte sie bis zum Anschlag. Ist doch egal, was die Nachbarn denken. Ist eh alles vorbei. Simon, das Weich-Ei, hat triumphiert, noch im Tod triumphiert, und die Freunde waren wieder mal die Betrogenen. So war es immer. Das war nur in Trance zu ertragen. Delia tanzte zur Musik, bis die Polizei plötzlich im Zimmer stand, den Rekorder ausdrehte und ihr androhte, sie mitzunehmen, wenn sie weiter die Nachtruhe der anderen stören sollte. Bullen. Idioten, dachte sie. Aber sie wagte nicht zu widersprechen. Ohne die Jungs fühlte sie sich klein und zerbrechlich.

Zweite Nacht

Endlich war er gegangen. Sie setzte sich mit verschränkten Beinen aufs Bett und sah zum Schrein hinüber. Dass Kommissare solche Nervensägen sein konnten, hätte sie nicht gedacht. Immer diese Fragen. Ob er etwas ahnte? Aber was? Sie, Delia Waschkowa, konnte ihm doch nicht verdächtig sein? So ein blöder Name. Weder den Vornamen noch den Nachnamen konnte sie leiden. Sie konnte sich selbst nicht leiden. Eine, die nirgendwo dazu gehört, eine, die keiner will. Das war im Kindergarten schon so gewesen. Mama und Papa mussten ja unbedingt hierher gehen. Warum? Und sie musste mit. An die Zeit vor dem Umzug konnte sie sich kaum erinnern. Nur an die schwermütigen Gesänge der Großmutter: Bajuschke, baju … und an den weiten, endlosen Birkenwald hinter dem Dorf. Dann hier in der Stadt: ein Zimmer im Wohnheim, so nah bei den anderen, die alle nicht wussten, was die Zukunft bringen würde, ein Zimmer mit Mama und Papa gemeinsam. Und man verstand gerade mal noch die Nachbarn. Die Kinder im Kindergarten lachten, wenn sie den Mund aufmachte. Sie hat es gehasst. Unter ihnen gab es alle Hautfarben. Aber jeder kämpfte irgendwie für sich allein. Und sie blieb außen vor. Einerseits war sie doch eine Deutsche, immer hatte man das zu ihr gesagt: Du bist eine Deutsche. Was hatte sie da mit den Negern gemeinsam? Aber die deutschen Kinder hörten sie reden und sagten: Du bist eine Russin. Russen sind doof. Sie wollte nicht doof sein, sie wollte mit ihnen spielen und zu ihnen gehören. Als sie ein paar Jahre später im Sommer zur Großmutter kam, nach Hause, war ihr dort alles fremd geworden. Die Lieder klangen ungewohnt, und die Kinder wollten auch hier nicht mehr mit ihr spielen. Nemzi, Nemzi … schrien sie. War die Welt nicht verrückt? Sie wollte ja gern Deutsche sein, eine richtige Deutsche, dazugehören. Aber noch heute fragte sie sich: Wer war sie wirklich? Die Russin, die sie nicht sein wollte? Die Deutsche, die man sie nicht sein ließ? Es gab nur einen Weg: Sie musste sich von einer Seite trennen. Und das konnte nur die Ferne sein. Aber wenn sie Panzerkreuzer beweisen wollte, wie sehr ihr Herz deutsch schlug, hatte er nur gelacht: Dir sieht man die Russin doch an! Hau ab!

Das war so geblieben, bis Simon auftauchte und sich für sie interessierte. Seitdem war alles anders. Panzerkreuzer kam

sie sogar einmal besuchen. Es war ein einfacher Handel: Du gehörst zu uns, wenn du uns den bringst. Aber wirklich. Ohne Mätzchen. Dann hatte er die Augenbraue hochgezogen, gegrinst und sie geküsst. Bist'n hübsches Mädchen. Wär schade, wenn du auf der falschen Seite stündest.
Simon hatte ihr immer wieder angeboten, bei ihm zu wohnen. Sie war bis zu Panzerkreuzers Angebot standhaft geblieben. Aber jetzt änderte sich die Lage. Sie gab Simons Drängen nach. Er war schon o.k., aber ein Langweiler. Und er fand die SonderSänger schrecklich. Alles von denen. Wie kannst du die gut finden?, hatte er oft gefragt. Die treten doch alles mit den Füßen, was du bist. Und die beleidigen meine Freunde. Wenn sie könnten, würden sie sie vertreiben. Jeden von ihnen. Mich wahrscheinlich auch. Oder es würde ihnen Schlimmeres einfallen, wie ihren Idolen. Gerade du müsstest doch eingebildete Märtyrer von echten unterscheiden können. Die machen sich dazu, die sind keine.
Delia waren seine Sprüche zu abstrakt. Er hatte einfach keine richtigen Argumente, keine, die sie akzeptieren konnte. Panzerkreuzer war stark. Und wer zu ihm gehörte, der musste in der Schule nichts mehr fürchten. 18/88 konnte alle in Grund und Boden reden. Es klang gut, was er sagte: Dass sie benachteiligt wären und sich endlich zu Wehr setzen müssten. Dass das Land von Fremden überflutet würde und für das eigene Volk kein Raum mehr sei. Das Boot ist voll, sagte er immer wieder. Wir sind nicht die Samariter der ganzen Welt. Grenzen müssen Grenzen bleiben. Das Reich ist unser. Sie mochte es, wenn er in Fahrt kam. Und wenn die Sänger auftraten, kam er immer irgendwann in Fahrt. Ein Starker an ihrer Seite und ein Ziel vor den Augen. Was brauchte sie mehr?

Es gab ihr das Gefühl, ein Mensch mit einem sinnvollen Leben werden zu können, ein Mensch mit einem Ziel vor den eigenen Augen. Simon schwafelte einfach zu viel.
Ja, sie hatte die Bilder gesehen. Simon wollte immer, dass sie sich das ansah. Er wollte immer, dass sie verstand, wie sie schon wieder benutzt wurde: Das haben sie damals auch versucht, damals im Krieg und danach! Sie haben den Deutschen misstraut und sie verschleppt und wieder verschleppt. Das ist deine Geschichte, die Geschichte der Deutschen in Russland: Eine Geschichte, die gut begann, aber dann voller Missbrauch und Leid, voller unerfüllter Hoffnungen war. Dass du lebst, verdankst du der Liebe deiner Großeltern und ihrem Mut! Willst du das jetzt aufgeben, mit Füßen treten? Nein, das wollte sie nicht. Nur das Herumziehen sollte ein Ende haben. Sie wollte normal sein wie alle anderen. Eine, die man mag und die dazugehört. War das so schwer zu verstehen? Sie wollte nicht wie ihre Schwester nach England weiterziehen und dort wieder ganz von vorn anfangen. Sie wollte nie mehr ausgelacht werden und keine Angst mehr haben.
Aber Simon verstand das nicht. Er sah nur die Texte der Gruppe, die Angriffe gegen andere. Nicht ihre Angst. Panzerkreuzer hätte ihre Angst besiegt. Jetzt war sie wieder allein. Delia hasste Simon. Wenn einer an diesem Unfall schuld war, dann er.
Die Nacht umfing sie, aber sie brachte keine Ruhe. Der Kommissar hatte eine neue Angst geweckt: Was würde geschehen, wenn er wüsste, dass sie Panzerkreuzer den Tipp gegeben hatte, wo sie Simon am einfachsten überwältigen und mitnehmen konnten? Der Kommissar war gefährlich. Nicht

genug, dass Panzerkreuzer und 18/88 nicht zurückkamen! Musste er sich jetzt auch er noch in ihr Leben einmischen? Was ging ihn ihr Schmerz an? Was genau wollte er denn wissen? Sie war nicht im Wagen gewesen, sie hatte mit Sicherheit nichts gesehen. Und dass Simon mitgefahren war, obwohl er erklärter Gegner dieser Band und der rechten Szene war, dass war doch nicht ihr Problem!

Noch immer saß Delia im Schneidersitz auf dem Bett. An Schlaf war nicht zu denken. Die Beine taten ihr mittlerweile weh, aber sie wollte sich nicht bewegen. Ein Kartenhaus bricht zusammen, wenn man daran rückt. Sie fühlte sich wie ein Kartenhaus. Als sie die Beine nicht mehr fühlte, zog sie sie langsam und vorsichtig auseinander. Der Schmerz, der sie durchdrang, tat ihr gut. Er hatte etwas von Leben.

Am Tag

Delia war froh, dass Sonntag war, froh, liegen bleiben zu können. Seit einer Woche lebte sie ein Leben, als wäre nichts gewesen. Sie ignorierte das vergangene Wochenende. Es war nicht. Und Delia ignorierte die letzten Monate. Nie war sie zu Simon gezogen, Panzerkreuzer hatte sie nicht geküsst. Sie fing noch einmal ganz von vorn an.

Der Morgen kroch träge durch die Fenster. Delia starrte die Decke an und stellte sich vor, wie es wäre, tot zu sein. Man war ganz steif. Man hielt den Atem an. Die Übung passte gut zu ihrem Versuch, neu anzufangen. Begann nicht alles irgendwie zwischen Tod und Leben? Und begann nicht manches Leben mit dem Tod?

Das Telefon schreckte Delia auf. So früh am Morgen konnte nur ihre Mutter anrufen. Müde quälte sie sich durch den Flur. Wer stört? – Ich wollte nur fragen, wie geht es dir. – Gut, natürlich. Was hast du erwartet? – Sollen wir vielleicht kommen zu dir? – Nein, ich hab schon was vor. Tschüss.
Seit Delia es ablehnte, russisch zu reden, bemühten sich ihre Eltern mehr, Deutsch zu lernen. Sie wollten ihr ganz offensichtlich nahe bleiben. Aber sie sprachen ein so russisches Deutsch, dass es Delia peinlich war. Sie vermied es, die Eltern zu sehen. Ihre bittenden Blicke, die Hoffnung auf eine bessere Zukunft. Sie hasste das alles einfach. Simon war oft zu ihren Eltern gefahren. Besonders, seit sie in seine Wohnung gezogen war. Panzerkreuzer hielt das für eine sehr gute Idee. Basislager nah beim Feind nannte er das. Delia fand es schwer. Den Freunden zu erzählen, was Simon tat und plante, war eine Sache, mit ihm zusammenleben eine andere. Wie selbstverständlich hatte Simon sie zu seinen Treffen mitgenommen, in sein Leben integriert. Seine Freunde seien, sagte Panzerkreuzer, lauter linke Spinner, die keine Ahnung vom Leben hätten, aber etwas von gemeinsamem Leben verschiedener Nationen in Deutschland faselten. Delia fand, dass er recht hatte. Simons Freunde waren ein bisschen naiv. Sie waren vermutlich nie ausgelacht worden, hatten ihre Heimat auch nicht aufgeben müssen, weil die Eltern es so entschieden. Also sollten sie den Mund halten. Aber die Leute redeten und redeten! Als ob sich davon irgendetwas ändern würde. Es war Delia nie in den Sinn gekommen, dass sie sie mögen könnten. Sie war davon überzeugt, Simons Anhängsel zu sein. Mehr nicht.
Wenn Delia an Panzerkreuzer dachte, fühlte sie sich ehr-

licher behandelt. Er hatte ihr nie etwas vorgelogen, nie so getan, als gehöre sie dazu. Erst jetzt, als er sie wirklich brauchte, erst jetzt hatte sie dazugehört. War es nicht so richtig? Man gehörte nur dazu, wenn man gebraucht wurde, nützlich war. Dann hatten sie auch alle geachtet. Sie war fast seine Braut. Die Braut des Chefs hatte Achtung verdient.

Delia ließ sich wieder aufs Bett fallen. Die Gedanken im Kopf drehten und drehten sich. Es war, als ob ein Tor geöffnet worden wäre, das sie bisher gut verschlossen gehalten hatte. Alles zeigte sich ihr. Und alles ging irgendwie durcheinander. Wie verschiedene Leben, Vergangenheit, Gegenwart, Zukunft gleichzeitig: Simon war da, Simon war weg. Panzerkreuzer küsste sie, Simon streichelte ihr über die Augen, 18/88 redete mit Glanz in den Augen vom neuen Reich, das es eines Tages geben würde, Simons Freunde diskutierten die Gegendemonstration gegen den Aufmarsch der Nazis. Alles vermischte sich und endete in Simons vorwurfsvollen Augen, als sie ihn griffen – und seiner kalten Wange. Delia starrte die Decke an. Das war eindeutig nicht ihr Tag, nicht ihre Zeit.

Es klingelte. Abrupt setze sie sich auf, zog sich auf die Beine und ging zur Tür. Durch den Spion sah sie den Kommissar. Dieser Mensch war einfach zu lästig. Panzerkreuzer hätte ihn auf die Liste setzen sollen. Delia öffnete die Tür einen Spalt: Ja? – Ich würde gern noch mal mit Ihnen reden, Fräulein Waschkowa. – Jetzt? – Ja … – Delia verzog unwillig den Mund. Aber sie wagte nicht, ihm die Tür vor der Nase zuzuschlagen. Sie öffnete, drehte sich um und ging wortlos in ihr Zimmer.

Der Kommissar folgte ihr. Er war klein und untersetzt. Seine Haare waren bereits deutlich gelichtet, obwohl er vermutlich erst Mitte 30 war. Er trug einen halblangen Mantel aus schwarzer Wolle, der offen stand. Seine Hände wühlten beständig in den Taschen, als suchten sie etwas. Sein ganzes Äußere wirkte sonst eher unauffällig. Er gehörte zu der Sorte Mensch, die man auf der Straße übersieht oder sofort vergisst, wenn man ihnen flüchtig begegnet. Wer ihn länger kannte, fühlte sich manchmal von seinem klaren, konzentrierten Blick durchdrungen.
Delia war nach den durchwachten Nächten müde und unkonzentriert. Sie bemerkte seinen Blick nicht. Zeit zum Schlafen wäre ihr eindeutig lieber gewesen als ein Gespräch. Während sie sich auf das Bett warf, sah sich der Kommissar suchend nach einer Sitzgelegenheit um. Er wählte den Schreibtischstuhl, hängte seinen Mantel über die Lehne und setzte sich auf die vordere Kante. Seine Füße erreichten eben noch den Boden. Delia sah ihn nicht an. Sie fürchtete seine Fragen und hoffte inständig, dass er gehen würde.
Sie waren mit Herrn Bertin befreundet. Die Aussage traf sie wie ein Schlag. Sie setzte sich abrupt auf und starrte ihn an. Woher wusste er von ihrer Beziehung zu Panzerkreuzer? Frau Waschkowa, wir möchten Ihnen helfen. Die Leier kannte sie. Der nette Onkel von nebenan … und die Geschenke bringt der Weihnachtsmann. Nein, darauf fiel sie nicht mehr rein. Am besten den Mund halten, am besten gar nichts wissen und dumm sein. Delia ließ sich zurück in die Kissen fallen und schwieg. Es war ein Unfall, Frau Waschkowa. Das wissen wir. Sie tragen daran keine direkte Schuld. Nach allem, was wir bis jetzt wissen. Der

Bus fuhr mit überhöhter Geschwindigkeit bei guter Sicht, ohne zu bremsen, auf den Randstreifen der Autobahn zu und überschlug sich. Wenn unsere Berechnungen stimmen, muss der Bus sogar auf den letzten Metern beschleunigt haben. Verstehen Sie mich recht, Frau Waschkowa: Die Ermittlungen im engeren Sinne sind abgeschlossen. Aber einige Details kommen mir doch recht merkwürdig vor. Lassen Sie es mich so sagen: Ich bin ein Mensch, der Klarheit liebt. Und deshalb wünsche ich mir auch in diesem Fall noch etwas mehr Klarheit. Und ich bin mir sicher, dass Sie mir dabei helfen werden.

Delia hatte stumm zugehört, die Decke angestarrt und sich nicht bewegt. Sie zeigte keine Gefühlsregung. Der Kommissar ging aber offensichtlich davon aus, dass sie seinen Erklärungen aufmerksam folgte.

Sie werden sich vielleicht wundern, dass ich mir da so sicher bin. Immerhin waren Sie die Freundin eines der Opfer. Ihr Freund Simon verkehrte bekanntermaßen in der linken Szene. Sie auch, wie ich mir habe sagen lassen. Zu den erklärten Feinden gehörte eben jene Gruppe, der sie hier einen so schönen Altar errichtet haben. Das ist doch ein bisschen merkwürdig, finden Sie nicht auch? Und, sehen Sie: Die Mitglieder dieser Gruppe, die Sie so verehren, sind uns keine Unbekannten. Ihre Texte sind, nun, sagen wir es vorsichtig, nicht ganz der öffentlichen Meinung angepasst. Insofern hat die öffentliche Meinung ein gewisses Interesse daran, die Männer im Blick zu halten, die sich so extensiv gegen jede Menschlichkeit und Güte wenden. Und siehe da, es tauchen in den Ermittlungen hin und wieder Überraschungen auf. Bei diesen Worten legte der Kommissar zwei Photos auf den Tisch. Delia verfolgte aus den Augenwinkeln seine Bewegung. Der Kommissar erhob sich, stellte sich ans Fenster, legte die Hände auf die Heizung und sah scheinbar hinaus. Delia bewegte sich nicht.

»Sehen Sie sie sich ruhig an. Vielleicht können Sie sie mir ja erklären.« Delia setzte sich auf, verschränkte die Beine im Schneidersitz und angelte sich die Photos vom Tisch. Das eine zeigte sie selbst, in Panzerkreuzers Arm. Es war eine siegreiche Pose. Sie konnte sich an den Abend erinnern. Simon war unterwegs gewesen, und sie hatte die Gunst der Stunde genutzt. Es war vielleicht zwei oder drei Wochen nach dem Umzug hierher. Die ganze Gruppe war in weinseliger Laune gewesen. Panzerkreuzer hatte den Sieg über Simon schon vor Augen gehabt und sie als neues wahres Mitglied der wahren Deutschen begrüßt. Als sie nach Hause gekommen war, hatte Simon auf dem Sofa in seinem Zimmer gesessen und auf sie gewartet. Er roch den Alkohol, die Zigaretten, und sie hatte einige weibliche Mühe aufwenden müssen, um seine Verdächtigungen zu entkräften.

Das andere Photo war auf dem Parteitreffen vor zwei Jahren entstanden, auf dem 18/88 als Vertreter der Jugend seine erste Rede gehalten hatte. Damals hatte sie beschlossen, zu ihnen gehören zu wollen. Sie konnte heute nicht mehr genau sagen, wie sie überhaupt in die Versammlung gekommen war. Die Jungs hatten gespielt, 18/88 seine Rede gehalten. Und sie hatte sich auf den ersten Blick in Panzerkreuzer verliebt. Alles hatte sie mitgerissen an diesem Abend, in dieser Nacht. Es war so anders dort als in der stetig traurigen Atmosphäre bei ihren Eltern, die alles gewinnen wollten und nur verloren hatten: die alte Heimat, den Zusammenhalt der

Familie, viele Freunde. Und hatte den irgendeiner von ihnen hier in der neuen Heimat etwas von dem gefunden, was sie gesucht hatten? Delia konnte von sich sagen, dass es nicht so war. Was die Eltern dachten, wollte sie nicht wissen. Damals hatte sie gefühlt, dass es noch ein anderes Leben geben könnte, jenseits von all dem. Und genau das zeigte das Photo. Sie sah das eigene Profil in der ersten Reihe, wie sie zu 18/88 aufsah, der am Mikrofon stand und zu ihnen sprach.

Wortlos legte Delia die Photos auf den Tisch zurück. Sie wussten also, dass sie so eine Art Doppelleben führte. War das allein schon strafbar?

Der Kommissar hatte sich umgedreht und ihre Bewegungen aufmerksam beobachtet. »Wie Sie sich vorstellen können, haben mich diese Photos doch etwas überrascht. Aber sie ergaben auch einen Sinn. Denn warum sollte ein Mann wie Simon plötzlich ein Konzert genau der Band besuchen, die er seit Jahren bekämpft und deren Demagogie er offenlegen wollte? Ich habe mir eine Erklärung zurecht gelegt. Es würde mich sehr interessieren, was Sie dazu sagen: Ein Mann wie Simon, geradlinig, ehrlich, verliebt sich in ein russlanddeutsches Mädchen. Er hat eine Schwäche für attraktive Damen, vor allem, wenn sie eine gewisse exotische Ausstrahlung mitbringen. Und all das hat er offensichtlich in Ihnen gefunden. Sie aber sind zu dieser Zeit schon Teil ganz anderer Kreise. Oder wären es gern. Simon ist Herrn Bertin schon lange ein Dorn im Auge; das wissen wir aus anderen Ermittlungen. Also sucht er sicher auch schon seit längerer Zeit nach einer Möglichkeit, ihn auszuschalten oder wenigstens, ihm einen Denkzettel zu verpassen. Nun verliebt sich der Gegner ausgerechnet in die junge Dame, die - vermute ich - ein Auge auf den begabten Sänger der Band geworfen hat. Und da reift in dem Kopf eben dieses Sängers ein Plan: An Simon einfach so heranzukommen, einen Feind ohne Weiteres auszuschalten, ist bei seinem Vorstrafenregister nicht mehr so ganz einfach. Und wenn die Kameraden ihm eins auswischen, könnte das auch unangenehme Folgen haben. Vielleicht würde man ihnen sogar verbieten aufzutreten. Man weiß ja nie, was die Bullen sich ausdenken. Also braucht man einen Köder. Und an dieser Stelle kamen Sie ins Spiel. Sie wollten gern ein Teil der Gruppe sein. Vielleicht mit auf der Bühne stehen, was weiß ich. Und Sie wollten Bertin. Wenn er Ihnen nun, sagen wir mal, angeboten hätte, dass Sie seine Braut würden, um den Preis eines kleinen Dienstes oder einer kleinen Mutprobe? Simon gegen die große Liebe. Vielleicht hat er Ihnen sogar noch versprochen, ihm nichts zu tun, nur ein bisschen Spaß mit ihm zu haben? ...«

Delia stand steif auf und ging zur Tür. Nur weg von hier und nichts mehr hören. Mit zwei Sätzen war der Kommissar neben ihr und zwang sie mit starken Händen auf den Schreibtischstuhl. »Oh nein, Sie hören sich das jetzt bis zu Ende an.« Delia sah ihn nicht an, aber sie blieb aufrecht auf der äußersten Kante sitzen, zur Flucht bereit. Der Kommissar lehnte sich wieder an die Heizung vorm Fenster und setzte seinen Monolog fort.

»Also nur ein bisschen Spaß wollten sie machen, ihm einen Schrecken einjagen, ihn beim Konzert dabei haben. Mehr nicht. Und das haben sie dann wohl auch getan.« Wieder nahm der Kommissar ein Photo aus der Innentasche seines

Mantels und reichte es Delia. Sie nahm es mit zwei Fingern. »Sehen Sie es sich ruhig an, den kleinen Spaß, den sich ihre Freunde geleistet haben. Simon durfte live dabei sein, auf der Bühne, gleich hinter den Boxen. Gefesselt und mit verbundenen Augen, damit er gut hören konnte. Und wenn nicht mehr hören, so sollte er doch wenigsten den Sound fühlen. Netter Spaß, finden Sie nicht auch? Und das wird sich, ist ja wohl anzunehmen, in der berauschten Stimmung nach dem Konzert im Bus fortgesetzt haben. Zum Spaß haben sie ihm dann vermutlich die Fesseln gelöst. Wer weiß, was sie vorhatten. Aber das war genau ihr Fehler. Simon, denke ich, wollte nur noch eins: dem Treiben ein Ende bereiten, mit möglichst wenig anderen Opfern. Er hat sich die Augenbinde über das blutende Handgelenk gezogen, sich nach vorn gekämpft und den Bus auf den Seitenstreifen zu gelenkt. Vielleicht hat es einen Kampf zwischen ihm und Bertin gegeben. Als der Bus sich überschlug, wurden die beiden hinausgeschleudert und lagen nicht weit voneinander entfernt. Wir haben Fingerabdrücke von Bertin und Simon am Lenkrad gefunden. Nur von den beiden.«
Der Kommissar schwieg. Delia drehte das Photo in den Händen. Sie sollte sich auch umbringen, das wäre das Beste. Es war ja ohnehin alles vorbei.
»Delia«, die Stimme des Kommissars klang plötzlich weich und fast bittend, »nach allem, was wir wissen, haben Sie wohl einen gewaltigen Anteil an dieser Katastrophe. Nicht direkt, aber doch indirekt. Ich möchte Ihnen wirklich helfen. Ich kann mir schon vorstellen, wie das in Ihren Ohren klingt: Ein Bulle, der helfen will. Aber ich meine es ernst. Sie haben viel erlebt, viel mehr als die meisten Ihres Alters. Sie

mussten aufgeben und neu anfangen. Sie können einen Teil der Familie und der Freunde nur noch sehr selten sehen. Und wir, unser Leben war Ihnen fremd und ist es vielleicht noch. Aber es gibt immer einen Weg, immer. Und es gibt immer einen besseren Weg als den der Gewalt, glauben Sie mir.« Der Kommissar hielt inne. Delia liefen die Tränen über die Wangen. Sie starrte noch immer vor sich hin. Aber etwas in ihr begann aufzubrechen.

»Sehen Sie, ich habe eine Tochter, die ist so alt wie Sie. Und wenn ich vergleiche, was Sie schaffen mussten, dann kommt mir ihr Weg so einfach vor. Wissen Sie, sie könnte so vieles von Ihnen lernen, wenn Sie es denn zugeben würden, dass Sie viel gelernt haben.«

»Ja, was habe ich gelernt? Was wissen Sie denn! Ich wollte dazu gehören. Ja, Sie haben recht, ich wollte zu Panzerkreuzer gehören. Weil er stark ist. Und zu 18/88. Weil er ein Ziel hat, eine Vision. Simon war immer nur dagegen. Gegen Panzerkreuzer, gegen die Bewegung, dagegen, immer nur dagegen. Kann man nicht einfach nur mal für etwas sein. Nicht außergewöhnlich, nur normal. Ja, Simon liebte meine Exotik, wie Sie das nennen. Das war ich immer: in Russland, zu Hause, in der Schule. Dort war ich die Deutsche, hier bin ich die Russin, zu Hause war ich die kleine Schwester und für Simon die exotische Ergänzung. Ich wollte einmal kein Gegenstück sein, sondern dazugehören. Und Panzerkreuzer hat mir versprochen, dass er dafür sorgt. Ja, sie wollten Simon. Sie wollten, dass er aufhört, sie zu stören. Er sollte einen Schreck bekommen. Mehr nicht. Simon hatte keine Schwächen und keine Laster, nur mich. Sie können sich das nicht vorstellen, wie das ist, immer allein, nie dazugehören.

Immer unterwegs und nie ankommen. Ich möchte endlich einmal irgendwo ankommen.«

»Sie hätten bei Simon ankommen können.«, erwiderte der Kommissar leise mit brüchiger Stimme. Delia schüttelte den Kopf. »Ich war doch nur sein exotisches Anhängsel, Beweis seiner freundlichen Haltung gegen Fremde.« - »Ich glaube, Sie irren sich.« - »Ich weiß es.«

Der Kommissar legte eine kleines goldenes Herz auf den Tisch. »Das hatte Simon in seiner Hand, als wir ihn fanden.« Delia nahm das kleine Schmuckstück in ihre Hand. Es war ein Herz mit den Initialen DW.

Ein Weinkrampf schüttelte sie. Alles war vorbei, zerbrochen. Sie war damals Opfer gewesen, sie war es jetzt wieder. Sie hatte gedacht, es könnte gut werden, wenn sie nur starke Menschen an ihrer Seite hätte. Sie hatte sich geirrt, mehrfach: Panzerkreuzer und 18/88 hatten sie benutzt. Sie hatte sie nie an ihrer Seite gehabt. Wie Schuppen fiel es ihr von den Augen. Sie hatte Simon geopfert und damit sich selbst. Das war nicht mehr gut zu machen.

Der Kommissar legte die Hand auf ihre Schulter und wartete, bis sie sich beruhigte. »Kommen Sie. Sie sollten jetzt nicht allein bleiben. Ich bringe Sie zu Ihren Eltern« - »Was wird aus mir?« - »Ich weiß es nicht. Vielleicht können Sie irgendwann neu anfangen. Nicht ganz, natürlich. Aber - verzeihen Sie, wenn ich Ihnen jetzt zu nahe trete, ich kenne Sie ja kaum - ich glaube, es ist etwas in Ihnen, was einen anderen, einen besseren Weg finden kann.«

Esters Arche

> Denn wenn du zu dieser Zeit schweigen wirst,
> so wird eine Hilfe und Errettung von einem andern Ort
> her [. . .] erstehen,
> du aber und deines Vaters Haus, ihr werdet umkommen.
>
> *Ester 4,14a*

1

Es war einmal, es war keinmal – im Jahr 1915 – lebte an einem Ort dieser Welt eine Frau. Sie hieß Ester. Ester war so schön von Angesicht, dass jedermann sie liebte, der sie nur ansah. Sie wohnte bei dem Goldschmied Mordechai Ahmidijan, der sie nach dem Tode ihrer Eltern aus christlicher Barmherzigkeit zu sich genommen hatte.
Und es geschah, dass Mahmud, der Bey[1], seine Frau Wasti verstieß. Seine Diener rieten ihm: Lass doch alle schönen Jungfrauen der Stadt zu dir bringen, und such dir eine neue Frau. Der Bey folgte ihrem Rat. Unter den Jungfrauen war auch Ester. Im Haus der Frauen wartete sie auf den Abend der Abende.

1 Türkischer Titel eines zivilen Beamten mittlerer Rangstufe bzw. eines Oberst, weiterhin werden verwendet: Efendi (Leutnant), Aga (Hauptmann). Pascha (höchster Beamter oder Militärangehöriger).
Hamam (türkisches Dampfbad), Lawasch (traditionelles armenisches Gericht).

Erster Brief

Lieber Onkel,
gestern bin ich hier angekommen und von den Dienern Mahmuds Beys in das Frauenhaus eingeführt worden. Natürlich wusste ich, dass meine Bewegungsfreiheit eingeschränkt sein würde, meine Kleidung weniger offen. Aber als sie mich dann in die neuen Kleider steckten, wurde mir doch schwer ums Herz. Und ich zweifelte an der Entscheidung. Du hast es mir nahe gelegt, und du weißt, ich vertraue dir. Aber hier und heute fällt es mir schwer, wenn ich auch in dem Haus der Frauen einen Luxus genieße, den ich bisher nicht kannte. Man umsorgt mich von allen Seiten. Der Bey, sagen sie, entscheidet sich nur für die Schönste. Was aus seiner Frau geworden ist, weiß ich nicht. Man erzählt, sie habe ihn erzürnt, und er hat sie des Hauses verwiesen. Keiner weiß oder will wissen, wo sie ist, wie es ihr geht. Mir ist nicht wohl bei dem Gedanken an sie.
Es wird dich sicher interessieren, wie es hier ist: Das Haus gleicht einem Bienenschwarm. Der Bey hat viele junge Frauen herbringen lassen. Jede hat einen Platz zum Schlafen und wird, wie gesagt, bestens umsorgt. Sie sparen nicht an Salben und guten Speisen. Ich lehne aber all die Angebote, die Bäder usw. ab. Ich möchte mir nicht befehlen lassen.
Der Wärter des Frauenhauses scheint mir wohlgesonnen. Ja, es scheint ihm zu gefallen, dass ich mich nicht allem unterwerfe. Er ist ein kluger Mann, und wir unterhalten uns oft über dies und jenes. Er war sehr erstaunt, dass ich lesen und schreiben kann. Und er hat mir auch gestattet, an dich zu schreiben. Da ich bei dir wohne, finden sie es nur natürlich,

dass ich auch das Armenische beherrsche. Wie würden sie wohl reagieren, wenn sie wüssten, dass wir verwandt sind?
Den Bey habe ich bisher noch nicht gesehen. Er scheint in Geschäften oft unterwegs zu sein. Für die Begegnungen mit den Mädchen gibt es festgelegte Zeiten, über die der Bey zu bestimmen hat. Die Mädchen, die der Bey nicht behalten will, werden wieder nach Hause geschickt. Das gibt natürlich Tränen, und wir anderen versuchen sie zu trösten. Aber wie kann man ein Mädchen trösten, dass das traurige Dasein einer Jungfer vor sich hat, die nun keiner mehr ansehen wird? Denn wer wird wohl ein Mädchen heiraten, das eine Nacht mit dem Bey verbracht hat?
Ich selbst warte auf das, was geschehen wird. Es steht alles in Gottes Hand.
In Liebe
Ester

Und der Bey bestimmte den Abend, an dem Ester zu ihm kommen sollte.

Zweiter Brief

Lieber Onkel,
der Wärter bedeutete mir, dass heute mein Abend mit dem Bey sein wird, und er verdoppelte seine Anstrengungen, aus mir eine schöne Frau zu machen. Schon vor Tagen sollte ich mir Stoffe wählen, das Hamam besuchen, mit kostbaren Salben behandelt werden. Doch wenn der Bey mich nicht nimmt, wie ich bin, was nützt das dann? Nebenbei: Es scheint, dass Geld für den Bey kaum eine Rolle spielt.

Wenn ich in solchen Augenblicken an unser Dorf denke, Onkelchen, möchte ich weinen. Ich sehe die Hütten vor mir und rieche den Duft von Lawasch. Die Hühner scharren in den Höfen, und von den Bergen tönt der heisere Schrei des Adlers. Seit ich hier bei dir in der Stadt wohne, habe ich keine solche Freiheit mehr empfunden wie damals, als die Eltern noch lebten. Wie ich sie und dich, ja euch alle, vermisse, vermag ich nicht in Worte zu fassen. Ich habe mich aber ganz an deine Anweisung gehalten und schweige, wie schwer mir dies auch immer fallen mag. Mein Leiden beginnt mit dem Ruf des Muezzins am Morgen, dem auch ich folgen soll, und endet erst in der Stille der Nacht, wenn ich mich zurückziehen kann und an meinem Schlafplatz mein eigenes Gebet für mich und euch alle spreche.
Dich als den Goldschmied schätzt man übrigens erstaunlicherweise sehr. Aber sie wissen noch immer nicht, dass auch ich Armenierin bin. Ich befolge deinen Rat und spreche nicht über die Vergangenheit. Vielleicht verletzen mich gerade deshalb die vielen niederträchtigen Worte über die Armenier und unseren Glauben so sehr. Ich wusste wohl, dass die Meinung über uns schlecht ist, aber das Ausmaß an Unwissen und Vorurteilen ist unvorstellbar – obwohl wir nebeneinander wohnen.
Nun bitte ich dich von Herzen: Denke heute Abend an mich, umfange mich mit deinen Gebeten. Der Herr möge die Entscheidung treffen, die die beste für uns alle ist.
Gott behüte dich!
Ester

An diesem Abend entflammte die Liebe Mahmud Beys zu Ester, so dass er beschloss, sie zu seiner Frau zu machen. Und die ganze Stadt freute sich mit ihr und mit dem Bey, der eine so kluge Entscheidung getroffen hatte.
Und es geschah, dass Mordechai Ahmidijan am Abend nach seiner Gewohnheit am Tor saß. Er hörte, wie zwei Efendis über die Beute stritten, die ihnen Haman Aga geben wollte, wenn der Bey nicht mehr am Leben wäre. Haman Aga aber war der Berater von Mahmud Bey. Und Mordechai berichtete dem Bey von all dem, was im Tor gesagt worden war. Die beiden wurden vor den Bey gebracht, verhört und des Hochverrats angeklagt. Über den Aga schwiegen sie still, denn sie hofften, er würde sie vor dem Tod retten. Am nächsten Tag aber hingen ihr Körper am Tor. So sollte es jedem ergehen, der sich gegen den Bey wandte.
Von diesem Tag an hasste Haman Aga Mordechai Ahmidijan und sann darüber nach, wie er ihn vernichten könne.

2

Es war einmal, die Worte wehen im Wind: Enver Pascha, Talaat Pascha und Cemal Pascha mussten sich gegen die Niederlagen zur Wehr setzen, die ihnen von den feindlichen Kriegsmächten zugefügt wurden. Und sie beschlossen, dass niemand anderes Schuld sein könne als die Armenier allein. Waren sie nicht von fremdem Blut? Und wollten die Russen sie nicht gern als ihre Kämpfer anwerben? Und sie versammelten die armenischen Soldaten in der Armee und nahmen ihnen die Waffen ab. Denn wer konnte wissen, ob sie mit

ihnen nicht auch die eigenen Freunde und Kameraden ermorden würden? So machten sie die Fremden unschädlich. Ebenso sammelten sie 200 kluge Köpfe der Armenier und stellten sie vor ein Gericht und ließen sie hinrichten. Und es war der 24. und 25. April.
Haman Aga freute er sich, als er davon hörte, denn nun waren die Stunden Mordechai Ahmidijans gezählt.
In diesen Tagen ließ Mahmud Bey seinen Berater Haman Aga groß werden und vertraute ihm viel Macht an. Und der Aga ließ ausrufen, dass sich alle vor ihm und dem Bey zu beugen hätten. Alle, ohne Ausnahme. Und alle taten, wie Haman Aga es angeordnet hatte. Aber Mordechai Ahmidijan fiel nicht vor ihm nieder. Da ging Haman Aga zu Mahmud Bey und berichtete ihm von den Dingen, die sich zugetragen hatten. Der Aga sprach: Es gibt ein Volk unter uns, das zerstreut und abgesondert von den Völkern des Landes lebt. Und ihre Gesetze sind anders als unsere Gesetze. Und ihr Gott ist ein anderer als unser Gott. Es ziemt sich nicht, sie in ihrem falschen Handeln gewähren zu lassen. Gefällt es dem Bey, so lasse er ein Schreiben aufsetzen, wie es Talaat Pascha befiehlt, dass alle umgesiedelt werden und keiner dem Tod entfliehe. Ich will den Kurden einen Boten senden und ihnen 10 000 Türkische Lira in Gold versprechen. Und dies soll beginnen nach Talaats Willen am 27. Mai. Und Mahmud Bey übergab Haman Aga seinen Siegelring, dass er nach Talaats Willen handle. Und Haman ließ ein Schreiben an die Agas und Efendis in der Gegend aufsetzen, das ihnen den Willen Talaats Paschas und Mahmud Beys kundtat. Und Boten ritten in das Land, die Befehle zu verkünden.

Dritter Brief

Verehrtes Onkelchen,
meine Dienerinnen kamen heute sehr aufgeregt zu mir. Sie sahen dich am Tor des Beys in einem Sack und mit Asche auf deinem Haupt. Was betrübt dich so? Ich sende dir neue Kleider. Auf, fasse wieder Mut und freue dich mit mir an meinem Glück, den Mahmud Bey meint es gut mit mir. Wie gern würde ich zu dir eilen und dir selbst die Gaben bringen, aber als Frau des Beys ziemt sich das nicht für mich. So lass dich von den Dienern ermutigen. Iss und trink und kleide dich neu.
Gott bewahre dich!
In Liebe
Ester

(Ich warte sehnsüchtig auf deine Antwort! Ich bitte dich von Herzen: Gib sie den Dienern mit, damit ich nicht so lange Zeit im Ungewissen sein muss.)

Aber Mordechai Ahmidijan konnte sich nicht trösten, denn er sah, wie viele Dinge gegen sein Volk geschahen, und er sandte die Geschenke an Ester zurück.

Vierter Brief

Geliebtes Onkelchen!
Wie, du weist die Kleider zurück? So muss dein Leid größer sein, als ich wissen kann. Ich habe Hatach gebeten, zu dir zu gehen. Ich vertraue ihm. Ich flehe dich an, vertraue du

ihm auch und sag, was dich so bedrückt. Und lass mich nicht im Ungewissen. Auch wenn ich nur eine schwache Frau bin, so habe ich mich doch immer deines Vertrauens würdig erwiesen. Ich bitte dich noch einmal: Vertraue Hatach dein Leiden an, dass ich mit dir weine oder es lindere.
In Liebe!
Ester

Da berichtete Mordechai Ahmidijan Hatach von all den Dingen, die gegen die Armenier geschahen: Dass die Männer von ihnen getrennt wurden und nicht zurückkehrten, dass Alte, Kranke und Kinder in Gruppen zusammengetrieben darauf warteten, ins Ungewisse zu gehen. Schrecken sei um und um. Hatach kehrte zu Ester zurück und berichtete alles, was in der Stadt vor sich ging. Ester erschrak. Sie wies Hatach an: Das sage Mordechai: Jeder, der ungerufen vor dem Bey erscheint, verwirkt nach dem Gesetz sein Leben. Es sei denn, der Bey ordnet es anders an. Ich bin aber nun seit 30 Tagen nicht zu ihm gerufen worden. Der Bey weiß also nicht, dass ich eine von den Armeniern bin. Mordechai möge sich nicht fürchten um meinetwillen. Hatach ging zum Goldschmied und brachte bald die Antwort zurück: Denke nicht, dass du dein Leben errettest, weil du im Hause des Beys bist. Denn wenn du jetzt schweigst, so wird deines Vaters Haus mit dir untergehen. Wer weiß, bist du vielleicht gerade darum in dieser Zeit zu solchen Würden gekommen, dass du dein Volk rettest? Da ließ Ester ihrem Onkel antworten: So rufe die Armenier, die noch in der Stadt sind, in deinem Haus zusammen, fastet und betet für mich. Auch ich und meine Dienerinnen wollen diese Nacht beten und fasten. Dann will ich gegen das Gesetz verstoßen und zum Bey gehen. Sterbe ich, so sterbe ich. Und Stille senkte sich über die armenischen Häuser in der Stadt des Bey.

3

Es war einmal, es war keinmal, die Worte verwehen im Wind, und der Wind trägt sie hinaus in die Welt. Der Bey saß auf einem erhöhten Stuhl und blickte auf Ester herab. Und sie warf sich vor seinen Füßen nieder. Und Ester fand Gnade vor seinen Augen: Was ist mit dir Ester, Königin meines Herzens? Was begehrst du? Und wenn es die Hälfte meiner Macht wäre, ich würde sie dir nicht verweigern. Ester antwortete ihm: Gefällt es dir, mein Gemahl, so komme zu mir und bitte auch Haman dazu, dass wir gemeinsam essen und trinken. Und der Bey gewährte ihr diese Bitte.

Haman Aga aber freute sich und ging beschwingt nach Hause. Am Tor des Hofes saß Mordechai, angetan mit einem Sack und mit Asche auf dem Haupt. Und er erinnerte den Aga an die Befehle des Talaat Pascha. Und die Wut des Aga wuchs, weil der Goldschmied so wenig Anstand besaß und sich auch nicht vor ihm verbarg, wie man es von einem Mann in Angst erwarten durfte. Haman rief seine Familie zu sich und sagte: Der Bey hat mich groß gemacht unter seinen Leuten. Er hat mir Macht und Reichtum verliehen und mich ausgezeichnet vor allen. Und Ester wird ein Festmahl geben und lädt dazu nur den Bey und mich, uns allein. Aber Mordechai Ahmidijan sitzt am Tor des Beys und ehrt mich nicht und fürchtet mich nicht. Er und alle Armenier wollen sich meiner Macht nicht beugen. Solange sie leben, habe ich keine Ruhe. Seine Frau Saresch und seine Freunde aber ermutigten ihn: Hast du nicht die Befehle Talaat Paschas auf deiner Seite? Wie solltest du dich da vor dem Armenier Ahmidijan fürchten! Lass die Balken im Tor verstärken und lass den Armenier daran hängen. So wird es jedem ergehen, der sich dem Gebot des Pascha widersetzt. Dann geh fröhlich zum Mahl. Die Balken werden sich unter dem Gewicht der Armenier biegen. Dieser Rat gefiel Haman. Und er gab Anweisung, die Balken zu verstärken.

Darauf ging er fröhlich zum Mahl. Die Ehrung erfreute ihn. Und es entzückte ihn, was geschehen sollte: In wenigen Stunden würde der Goldschmied sterben und seine Pläne nicht mehr durchkreuzen. Als sie gegessen und getrunken hatten, fragte Mahmud Bey Ester noch einmal: Was ist mit dir, Ester, Königin meines Herzens? Was begehrst du? Und wenn es die Hälfte meiner Macht wäre, ich würde sie dir nicht verweigern. Ester antwortete: Habe ich Gnade vor deinen Augen gefunden, so höre mich an und schenke mir und meinem Volk das Leben. Denn ich bin nach dem Tod meiner Eltern bei Mordechai Ahmidijan, dem armenischen Goldschmied, aufgewachsen, weil er mein Onkel ist. Aber wir sind verkauft und dem Tod preisgegeben. Würdet ihr uns nur zu Knechten machen und an einen anderen Ort bringen, so hätte ich geschwiegen. Aber mein Volk ist dem Tod preisgegeben und wird den türkischen und kurdischen Säbeln nicht entrinnen. Der Bey fragte sie verwundert: Wer ist es, der dir und euch nach dem Leben trachtet? Da neigte Ester das Haupt und sagte: Talaat Pascha hat Befehl gegeben und der feige und niederträchtige Haman Aga mit deinem

Siegel den Befehl auch unter uns in Kraft gesetzt. Und am 27. Mai wird der Weg des Todes hier und an sechs anderen Orten beginnen. Und Haman erschrak. Der Bey erhob sich wütend von seinem Lager und ging in den Garten. Haman aber fiel vor Ester nieder und flehte um sein Leben. Als der Bey zurückkehrte und ihn so vor dem Lager der Königin sah, rief er: Wie, willst du ihr auch hier in meinem Haus Gewalt antun?! Und Haman verhüllte sein Haupt. Einer der Kämmerer sagte: Der Aga hat die Balken der Hinrichtung am Tor verstärken lassen, um den Armenier Ahmidijan zu hängen, der doch vor wenigen Tagen die Verschwörung gegen den Bey aufgedeckt hat. – So soll man den Aga selbst an dem Balken hängen, erwiderte der Bey.

Und der Bey übergab Ester seinen Ring und sagte: Ich kann die Befehle des Pascha nicht rückgängig machen, aber ich kann den Armeniern das Recht auf Verteidigung zugestehen. So sage zu ihnen: Keinem wird Böses widerfahren, der sich selbst verteidigt. Und Ester ließ ein Schreiben aufsetzen und siegelte es mit dem Ring des Bey. Aber die Reiter weigerten sich, die Stadt zu verlassen und gegen das Gebot des Pascha zu verstoßen. Und die Händler gaben den Armeniern keine Waffen, denn sie fürchteten um das eigene Leben. So kam es, dass nur eine kleine Schar sich im Viertel der Armenier zum Kampf rüstete und die anderen sich im Palast des Beys sammelten, um nicht durch das Schwert zu fallen. Und der Bey, Mordechai und Ester standen im Tor und hielten die Truppen zurück, die die Armenier bedrohten und auf den befohlenen Weg in die Wüste treiben wollten. Und die Soldaten wagten nicht, gegen den Bey aufzustehen. Als die Soldaten die Stadt verließen, warfen alle die Waffen zur

Seite, fielen einander in die Arme und feierten ein Fest. Der Bey ernannte den treuen Mordechai zu seinem neuen Aga, und die Völker lebten friedlich miteinander, solange der Bey und der Aga das Zepter führten. Und wenn der 27. Mai, der Tag sich jährte, kamen alle, Muslime und Christen, Armenier, Türken, Griechen, Araber, Knechte, Mägde, Handwerker, Soldaten, auch Ester, der Bey und der neue Aga und ihre Familien zusammen, aßen und tranken und waren fröhlich miteinander.
Es war einmal, es war keinmal, es ist nicht geschehen.

4

Es war einmal, die Worte verwehen im Wind, der Wind trägt sie hinaus in die Welt, und sein Brausen wird zum Sturm, der das Weinen befreit. Als Ester von ihrem Traum erwachte, lag sie schwach und abgemagert am Rande eines Wegs in der Wüste, das Kind des Beys in den Armen. Sie hatte es vor Wochen unter Schmerzen allein am Rande einer Stadt ohne Namen und ohne Barmherzigkeit geboren. Nun röchelte es nur noch vor Entkräftung. Der Bey hing vielleicht noch immer am Tor ihrer fernen Stadt an dem Balken, den der Aga verstärken ließ, und neben ihm die armenischen Männer der Stadt. Und nur die Geier kreisten über ihnen. Oder man hatte sie hinter der Stadt auf einen Hügel geworfen, wo Hunde und Hyänen warteten.
Der Pascha hatte Haman Aga zum neuen Bey ernannt. Seiner Herrschaft war niemand entgangen. Was aus den Verwandten und Freunden geworden war, wusste nur Gott allein.

Ein Wagen kam gefahren, auf dem saß ein Mann mit Verzweiflung in den Augen und einem Stift in der Hand. Und sie sah, wie er rechts und links des Weges blickte und gewissenhaft aufschrieb, was seine Augen entdeckten: eine tote Frau, den Unterleib entblößt, von Hunden angefressen, ein Kind, an Entkräftung gestorben, ein Mann, vom einem Säbel getötet ... Und als er sah, dass sie noch lebte, ließ er halten, stieg von der Kutsche herab und gab ihr aus seiner Flasche zu trinken, hob sie und das Kind des Beys auf, trug sie in den Wagen und brachte sie zum nächsten Lagerplatz.

In Gedanken schrieb Ester:
Geliebtes Onkelchen,
wo auch immer du bist, höre: Wir leben. Wenn ich auch wenig Barmherzigkeit gefunden habe unter den Menschen. Wer Macht hatte zu schlagen, der schlug mich, wer Angst hatte, schwieg und schweigt. Und doch gibt es einige, die sich noch immer der alten Sitten erinnern und Wasser und Brot teilen. Und ihren Wagen.
Geliebtes Onkelchen, wo auch immer du bist: Höre, wir leben.

Es war einmal, die Worte verwehen im Wind, der Wind trägt sie hinaus in die Welt, und sein Brausen wird zum Sturm, der das Weinen befreit.

Samariter zur falschen Zeit

Er aber wollte sich selbst rechtfertigen
und sprach zu Jesus: Wer ist denn mein Nächster?
Lukas 10,29

1

Aktennotiz
Am 7. 6. wurde um 18.57 Uhr ein Überfall in der Innenstadt gemeldet, der nach Zeugenaussagen (Zeugenbefragung siehe Anhang) bereits mehrere Stunden zurückgelegen haben soll. Die Leitstelle veranlasste ein Ausrücken des Notfallwagens 11/C und alarmierte die Dienststelle 5. Bei Ankunft am vermeintlichen Tatort waren weder der Verletzte noch der Täter aufzufinden. Die Suche wurde ergebnislos eingestellt. Eine Weiterverfolgung der möglichen Straftat wurde aus Mangel an Beweisen eingestellt.
gez. Müller, diensthabender Leitstellenverantwortlicher,
8. 6., 9.00 Uhr

2

»INFO INFORMIERT« vom 9. 6.
Wie sicher ist unsere Innenstadt?
Gab es gestern einen Überfall in der Innenstadt (unsere Zeitung berichtete)? Ja oder nein? Diese Frage beschäftigt die Bewohner seit gestern. Zeugen sahen einen Schwerverletzten mehrere Stunden am Boden liegen. Ein Unbekannter meldete das der Rettungsleitstelle. Die eintreffenden Rettungskräfte fanden aber den Tatort leer vor. Nach Aussagen

der Dienstellen geht man nicht von einem Verbrechen, sondern eher von einem üblen Scherz aus. Die Ermittlungen wurden eingestellt. Die Blutlache, die noch heute am Tatort zu sehen ist, spricht gegen diese Haltung. Kann man einer Polizei die Sicherheit in unserer Stadt zutrauen, die so leichtfertig mit den sichtbaren Indizien umgeht? Die von uns befragten Bürger (weiter Informationen S. 3) fordern eine rückhaltlose Aufklärung der Vorgänge.

3

INFO INFORMIERT vom 9. 6.

Zeugen und Anwohner empört über Reaktion der Polizei

Unser Reporter befragte gestern verschiedene Anwohner und Zeugen der mysteriösen Vorgänge in der Innenstadt. Seine Befragung ergab folgendes Bild: Am 7. Juni griff eine Bande bewaffneter Rowdys einen jungen Japaner an. Es handelte sich offensichtlich um einen Urlauber. Sie schlugen ihn brutal nieder, entwendeten seine Videokamera und verschwanden. Der von uns befragte Zeuge dieser Szene wollte unerkannt bleiben, konnte aber die Tatzeit aufgrund seines Tagesablaufes auf 14.00 Uhr bis 14.30 Uhr eingrenzen. Zwei Anwohner, die kurz nach dieser Zeit unabhängig voneinander zum Einkaufen aufbrachen bzw. davon zurückkehrten, sahen den Verletzten. Es sei ihnen aber wegen verschiedener Termine und der schweren Einkaufstaschen nicht möglich gewesen zu helfen. Frau X. (Name von der Redaktion geändert) sagte uns: »Er lag ganz verkrümmt auf dem Boden. Richtig leid hat der einem getan. Ich geh mal davon aus, dass er Schmerzen hatte. Aber gesehen habe ich weiter nichts, keine Polizei, keinen Rettungsdienst. Irgendwie niemanden, der geholfen hat. Da bekommt man richtig Angst, wenn man so was sieht!« Frau Y. pflichtete ihr bei: »Ich war so gegen drei in der Stadt. Mein Termin war gegen viertel vor vier. Ich hatte es schon sehr eilig. Da lag der da, direkt an der Haltestelle. Da waren viele, die das gesehen haben, aber niemand von den Ärzten oder so. Ich mein, ich musste ja weiter, ich konnt nicht groß zuschauen. Aber das sah schon nicht gut aus, wirklich nicht. Na, so ein kleiner Japaner hat ja auch nicht viel gegen einen Überfall zu bieten! Aber man ist schon froh, wenn einem so etwas nicht passiert. Bis mal die Rettungskräfte eintreffen, da ist man ja vielleicht verblutet!« Die von unserem Reporter befragte Leitstelle stand für ein Interview leider nicht zur Verfügung.

Lesen Sie morgen:
Wie Sie sich vor Überfällen schützen – Ratgeber der Polizei erschienen
Und: Betroffener berichtet: Wie Heinz I. einen Straftäter stellte

4

Aus dem Tagebuch von Daniela Mogawe, 10. 6. (private Übersetzung aus dem Afrikanischen, dankenswerterweise zur Verfügung gestellt von Dr. Gr. Ottenolm)
Ich sitze in der Abfertigungshalle und habe Zeit. Ich bin viel zu früh hier. Ich bin so aufgeregt. Nur noch wenige Stunden Deutschland. Ich muss ständig an die Aufregung der letzten

Tage denken und an … Soll ich die ganze Geschichte aufschreiben? Für mich? Um sie nicht zu vergessen? Aber kann man so etwas je vergessen? Vielleicht tut es mir gut? Vor drei Tagen (sind es wirklich erst drei Tage?!) kam ich hierher, mit allem, was ich mitnehmen wollte. Ich hatte die Übernachtung telefonisch bestellt. Auch wenn ich mir das kaum leisten konnte. Ich wollte einmal, und wenn es für ein, zwei Tage wäre, so leben wie alle hier. Vielleicht war das ein absurder Wunsch …
Ich ging als Erstes in die Stadt, um meine Papiere zu holen. Vielleicht gegen fünf, halb sechs oder viertel vor sechs kam ich aus dem Amt und ging zur Straßenbahn. Ich hatte mir ein Leben als normaler, unauffälliger Mensch vorgenommen, aber meine Gefühle waren ganz andere: Endlich ein freier Mensch sein und zurückkehren nach Hause. Endlich werde ich die Freunde wiedersehen. Natürlich bleiben einige liebe Menschen hier. Trotzdem: Ich bin hier nicht zu Hause, nie gewesen.
Das Gefühl, eine Heimat, meine Heimat wiederzufinden, erfüllte mich ganz, als ich an der Haltestelle in der Innenstadt fast über einen Verletzten stolperte. Er lag einfach so am Boden. Die Leute gingen vorbei und achteten gar nicht auf ihn. Ich habe ihn angesprochen. Erst reagierte er nicht, aber dann machte er die Augen auf. Zum Glück konnte er etwas Englisch (Deutsch gar nicht, Englisch auch nicht besser als ich, aber es reichte). Jedenfalls wusste ich, dass er lebte und dass er etwas zu Trinken brauchte. Ich gab ihm einen Schluck aus meiner Wasserflasche, dann half ich ihm hoch und setzte ihn erst einmal dort auf die Bank. Er war voller Schmutz und blutete. Ich wusste mir nicht anders zu hel-

fen, zog den neuen Blazer aus, den mir meine Freundin zum Abschied geschenkt hatte, nahm meine Bluse, zerriss sie und verband seine Wunden. Es war ja warm und ich trug ein helles T-Shirt, da machte das doch nichts. Ein paar Leute sahen interessiert zu und machten ihre Witze, von wegen betrunken und so.

Weil ich ihn ja schlecht da sitzen lassen konnte, rief ich ein Taxi. Na, der hat mich vielleicht angesehen. »Machen Sie mir bloß nicht die Sitze schmutzig!« Aber dann hatte er immerhin noch eine Decke für uns übrig. Wir sind gleich in die Pension gefahren. Und ich habe um ein weiteres Zimmer gebeten. Ich hatte ein Einzelzimmer bestellt, aber die Frau Müller war so nett: Sie sortierte die bestellten Zimmer um, so dass wir schließlich ein Doppelzimmer mit getrennten Betten bekamen. Und sie rief einen Arzt an, mit dem sie befreundet ist. Hilfe mussten wir holen, denn der Japaner sagte immer noch nur wirres Zeug. Bevor der Arzt kam, habe ich ihm die Wunden gereinigt, und Frau Müller hat ein paar Sachen von ihrem Mann geholt. Die waren zwar zu groß, aber wen kümmerte das. Der Arzt nähte die Wunden und meinte, es sei an sich nichts Ernstes, aber eben der Schock und dann natürlich auch der Blutverlust. Und eine Gehirnerschütterung hätte er vielleicht auch. Wir sollten ihn die Nacht über beobachten. Aber aus seiner Sicht wäre eine Einweisung ins Krankenhaus nicht notwendig. Und das müsste dann ja auch jemand bezahlen. Er ging völlig selbstverständlich davon aus, dass seine Arbeit ein Geschenk war. Sicher hat der junge Mann eine Krankenversicherung. Er sah nicht arm aus. Aber wie sollte er sie unter diesen Umständen kontaktieren. Und sein gesamtes Bargeld war ihm of-

fensichtlich auch gestohlen worden. Ich war auch nicht in der Lage, ihn angemessen zu bezahlen. Deshalb schenkte ich ihm, als er wiederkam, das Regenbogentuch. Mein letztes aus der Heimat.
Heute Morgen musste ich früh los. Der Japaner schlief noch. Er ist ein schöner Mann. Kleiner als ich, so zerbrechlich, rabenschwarzes Haar …
Frau Müller habe ich mein restliches Geld gegeben, nur das behalten, was unbedingt nötig war. Sie soll nicht zu viel zusätzliche Auslagen und Mühen haben meinetwegen. Und seinetwegen. Jetzt sitze ich hier, kann mir keinen Kaffee mehr leisten und warte auf die Ansage. Die Minuten ziehen sich unsagbar. Wie es ihm wohl gehen wird?

5

Aktennotiz, Dienstbesprechung 10. 6., 10.00 Uhr
Nach der Wiederaufnahme des Überfalls/Innenstadt wird mittlerweile nach zwei Ausländern und einem Deutschen gefahndet:

- Namasaki Turoki, Japaner, als vermisst gemeldet, Tourist, gültiges Visum bis einschließlich 08, kleine schmale Statur, 32, jünger aussehend, vermutlich verletzt
- Afrikanerin, Mitte 20, sehr kurzes, dunkles Haar, bekleidet mit einem dunkelroten Blazer, weißem T-Shirt; sie hat einen schwarzen Rucksack bei sich; Asylbewerberin?
- Taxifahrer (Zeuge), mittelgroß, gedrungen, blaue Jeans, Raucher, fährt vermutlich für das städtische Taxiunternehmen »Intertax«

Von der Afrikanerin wird angenommen, dass sie den vermissten T. zum Verlassen des Tatorts veranlasst oder sein Verschwinden initiiert haben könnte. Es muss von einem Überfall mit nachfolgender Entführung ausgegangen werden. Ein rassistischer Hintergrund kann nicht ausgeschlossen werden; Erkenntnisse über mögliche laufende Ermittlungen zu Konflikten zwischen Japan und dem vermutlichen Heimatland der Gesuchten werden überprüft. Mit sofortiger Wirkung nimmt die Sonderermittlungsgruppe »Phantomüberfall« ihre Arbeit auf.
Ende der Beratung gegen 11.00 Uhr
gez. Mayer, Leiter der Dienststelle 5

6

INFO INFORMIERT vom 11. 6.

Spektakuläre Festnahme im Flughafengelände

Nach langem Zögern hat gestern die Sonderermittlungsgruppe »Phantomfall« ihre Arbeit aufgenommen. Kurz vor 12.00 Uhr (Ortzeit) zeichnete sich ein erster Fahndungserfolg ab. Im Wartebereich des Flughafens wurde die 25-jährige Daniela M. aus T./Schwarzafrika (Name und Herkunft aus Sicherheitsgründen geändert) festgenommen. Sie soll an der Misshandlung und Entführung des vermissten Japaners T. beteiligt gewesen sein. Weitere Aussagen zu Tathergang und zu Hintergründen wollte die Polizei mit Rücksicht auf die laufenden Ermittlungen nicht nennen. Bisher fehlt aber weiterhin jede Spur von T. Ein Bekennerschreiben einer terroristischen Organisation läge nicht vor. Man ginge aber weiterhin von einem terroristischen oder rassistischen Hintergrund unbekannter Prägung aus.

Lesen Sie auf S. 2:
Betroffene Touristen der japanischen Reisegruppe protestieren
Wie sicher ist die Innenstadt, Teil 2
Interview mit dem amtierenden Bürgermeister

7

Aus dem Tagebuch von Daniela Mogawe, 11. 6.
Also, man glaubt es nicht! Mit Mühe habe ich wenigstens das Notizbuch und einen Stift in die Zelle geschmuggelt. Ich habe keine Ahnung, ob sie mir das gelassen hätten. Und zu meinem Glück können sie die Schrift wohl weder lesen noch verstehen (also das hoffe ich …). Aber, zurück Daniela, erzähl der Reihe nach: Als ich gestern auf dem Flughafen eben meine Sachen packte und dem ersten Aufruf zum Flieger folgen wollte, war plötzlich der gesamte Wartebereich abgesperrt. Irgendeiner brüllte etwas durch ein Megaphon, die Leute um mich warfen sich auf den Boden und ich stand da und starrte in helle Lichter, bis mich zwei Bewaffnete zwischen den Bänken auf den Boden warfen, meine Arme nach hinten drehten und mir Handschellen anlegten. Auf meine gestotterten, verwunderten Fragen erhielt ich keine Antwort. Und ich konnte so schnell auch nicht die deutschen Worte zusammenkramen, die ich gelernt hatte. Mein Handgepäck wurde mir nachgebracht und in einem offensichtlich

gesicherten Raum ausgepackt. Dort waren auch meine Koffer, und man fragte immer wieder, weshalb ich so schnell das Land verlassen wolle. Ja, ich verstand und verstehe die Frage gar nicht. Was heißt schnell nach fünf Jahren Aufenthalt? Und die ersten drei im Heim, als ich auf die Genehmigung des Antrags wartete, kommen noch dazu! Insgesamt also acht Jahre Deutschland, mehr oder weniger freiwillig. Ich habe das Glück, dass in meinem Land nun wieder Frieden herrscht. Nicht gerade typisch für Afrika. Und keiner weiß genau wie lange. Aber ich empfinde: Endlich! – Bitte, wie kann man sagen, dass ich nach acht Jahren im Land mal eben schnell wieder ausreise? Was sollte ich in einem Land denn auch tun, in dem ich nicht zu Hause bin?
Und hat Gott mir nicht das Glück geschenkt, Lehrerin zu werden, um Kinder zu Hause zu unterrichten? Hier werde ich nicht unterrichten. Weil ich die Sprache zu schlecht spreche. Und weil mich niemand braucht. Also: Ich verstehe die Fragen einfach nicht.
Meinen Tagesablauf wollten sie wissen, jede Minute der letzten Tage. Ich habe alles erzählt, naja fast alles. Nur Frau Müller habe ich nicht erwähnt, den Taxifahrer und den Arzt nicht. Ich folgte einem vagen Gefühl, aber ich empfinde das auch jetzt noch als richtig. Es wäre mir so peinlich, wenn gerade die Menschen, die mir geholfen haben, nun – aus welchen Gründen auch immer – Ärger bekämen. Aber ich glaube, so losgelöst klang die Geschichte reichlich unwahrscheinlich.
Wenn ich das richtig verstanden habe, suchen sie auch den jungen Mann. Wo er wohl ist? Aber warum wollen sie ihn eigentlich finden? Er hat doch nichts getan!

8

Aktennotiz, 12. 6., Zwischenbericht
Die auf der Flucht ergriffene M. wurde heute dem Haftrichter vorgeführt und erstmals vernommen. Die aus der Anlage ersichtlichen Aussagen trugen bisher nicht zur Erhellung des Tathergangs bei.
Die Suche nach Namasaki Turoki blieb ergebnislos. Die Sonderermittlungskommission setzt ihre Arbeit fort.
gez. Mayer, Leiter der Dienststelle 5

9

Tagebuch Daniela Mogawe, 12. 6.
Eben komme ich von einer weiteren Befragung zurück. Sie meinen, ich hätte Namasaki, so nennen sie den jungen Japaner, entführt oder vielleicht sogar umgebracht. So ein Unsinn. Aber ich wage es auch nicht, das zu erzählen, was ich gesehen habe. Wer weiß, was das für Folgen haben kann. Für mich, aber vor allem auch für ihn! Ich habe Angst, dass sie alles gegen mich oder ihn verwenden.
Ich denke fast ununterbrochen an ihn. Wie er wohl die letzten Tage überstanden hat? Ob ihn Frau Müller gut pflegen konnte? Frau M. wirkte so gütig auf mich. Der Gedanke an sie richtet mich auf …
Ob ich ihn jemals wiedersehe?

10

INFO INFORMIERT vom 12. 6.

Japaner in der Innenstadt gesichtet

Reportern unserer Zeitung gelang es gestern, den Vermissten Namasaki T. aufzuspüren. Ganz offensichtlich wohnte der japanische Reisegast unbescholten in einer Pension in der Vorstadt. Die Wirtin, Frau M., beschreibt ihn als einen zurückhaltenden, überaus freundlichen, stillen Menschen. Beim Interview (lesen Sie S. 2!) sagte er in gebrochenem Deutsch: »Ich auf der Suche afrikanischer Frau.« Auf die Nachfrage unseres Reporters schwieg der Japaner. Alle Ergebnisse der Recherche unserer Zeitung wurden der Polizei übergeben. Es liegt der Verdacht nahe, dass der Japaner Mitglied eines Menschenhandelringes ist. Wurde die junge Frau entführt und befindet sich nun zu Unrecht in Polizeigewahrsam? Der Leiter der Ermittlungsbehörde hat lückenlose Aufklärung zugesagt.

Lesen Sie heute:
Terroristische Bedrohung aus Japan?
Interview mit Namasaki T.
Menschenhandel hat unsere Stadt erreicht

11

Aktennotiz

Herr Namasaki T. gab zu Protokoll:

Frau Mogawe habe ihn weder niedergeschlagen noch entführt. Sie habe ihm geholfen, nachdem er infolge eines

Überfalls nicht in der Lage gewesen sei, für sich selbst zu sorgen. Die Täter seien ihm unbekannt.
Eine Mitschuld von Frau Mogawe an dem Übergriff auf seine Person hält er für ausgeschlossen. Ebenso seien ihm rassische Vorurteile gegen ihn nicht aufgefallen.
Seit dem Vorfall vermisse Herr Namasiki T. seine Videokamera.
Die Ermittlungsakte Mogawe wird hiermit geschlossen. Frau M. ist unmittelbar aus der Haft zu entlassen.
Die Sonderermittlungsgruppe »Phantom« ist aufzulösen.
gez. Mayer, Leiter der Dienststelle 5

12

INFO INFORMIERT vom 13. 6.
Überraschendes Ende eines Missverständnisses
Gestern wurde Daniela M. unter Anteilnahme der Presse und zahlreicher Funk- und Fernsehstationen aus der Untersuchungshaft entlassen. Sie wurde von Namasaki T., der Ursache der Verwirrung, am Ausgang des Untersuchungsgefängnisses erwartet. Namasaki T. erwartete sie mit roten Rosen, die unsere Zeitung finanzierte. Weiterhin ermöglichte unser Unternehmen dem Paar heute einen Ausflug in unsere Stadt und begleitete sie auf einem Bummel durch das Zentrum.
Lesen Sie morgen exklusiv bei INFO:
Bilder des Glücks

13

Tagebuch Daniela Mogawe, 12. 6.
Eben hat mich Namasaki nach Hause gebracht – also das, was ich für den Augenblick als Zuhause ansehen kann (Frau Müller hat mir das Zimmer ihrer Tochter gegeben, da sonst alles belegt ist). Er ist ein sehr netter Mensch. Ich wusste gar nicht, wie viel Spaß es macht, sich in einer fremden Sprache vor allem nicht zu verstehen. Wir haben nach Worten gesucht und viel gelacht. Ob über das Gleiche, weiß vermutlich keiner von uns. Wir freuen uns beide, dass diese schrecklichen Tage endlich vorbei sind!

Aber keiner, wirklich keiner hat intensiver nach den Leuten gesucht, die Namasaki überfallen haben. Als er mir das erzählte, war er auf einmal sehr ernst. »Du solltest nicht in einem Land leben, in dem sie lieber ein Phantom jagen als wahre Täter.« Ja, ich werde nicht in einem Land leben, in dem man das Phantom zur Wahrheit erklärt. Wir haben den Reporter, der uns begleitete, mehrfach darauf angesprochen. Aber entweder wollte er uns nicht verstehen oder er hat es wirklich nicht. Wer weiß …

Doch mir kann es im Grunde egal sein. Namasaki lebt, und es geht ihm gut. Ich lebe und bin aus dem Gefängnis heraus. Frau Müller hat keine weiteren Schwierigkeiten bekommen, auch der Arzt und der Taxifahrer nicht. Alles ist gut. Nur Namasakis Kamera und sein Geld fehlen. Verschmerzbar.

Wir werden beide morgen das Land verlassen. Ich glaube kaum, dass wir uns wiedersehen. Das ist ein bisschen schade. Es war eine interessante Erfahrung, ihn kennen zu lernen. Aber: So ist nun mal das Leben.

14

INFO INFORMIERT, 14. 6.

Junges Glück zu schnell getrennt

Gestern Morgen verabschiedeten sich Namasaki T. und Daniela M. unter Tränen auf dem Flughafen unserer Stadt. Wer hätte gedacht, dass das junge Glück so schnell getrennt würde! Daniela M. kehrt nach Ablauf ihres Asylaufenthaltes in ihr Heimatland zurück. Namasaki T. setzte seine Europareise fort. Wird die junge Liebe die Trennung überstehen?

Exklusiv im Innenteil:
Abschied von der großen Liebe – Bilder der bewegendsten Momente der Abreise

Epilog:

Daniela und Namasaki kehrten in ihre Heimatländer zurück. Sie hielten über Briefe eine lockere Verbindung.
Eine Ermittlung zum Überfall auf Namasaki Turoki wurde nie eröffnet.
Eine Entschuldigung oder Entschädigung erhielt Daniela Mogawe nicht.
Ein Jahr nach den Vorfällen organisierte Namasaki Turoki auf Veranlassung einer von ihm gegründeten japanisch-afrikanischen Gesellschaft eine Reise in Danielas Heimatland. Sein Interesse für afrikanische Kultur und das Erlernen ihrer Muttersprache ermöglichten endlich einen besseren Kontakt.
Heute leben Namasaki und Daniela Turoki in Afrika. Der Besuch in Afrika, sagt das Ehepaar, sei der Auslöser für ihre

Liebe gewesen. Die großzügigen Spenden, die Frau Müller sammelte, ermöglichten ihnen die Eröffnung einer Schule, in der – neben der Landessprache – Japanisch Pflichtfach ist. Trotz wiederholter Einladung erwägt das japanisch-afrikanische Paar bis auf Weiteres keine Reise nach Deutschland.

Einmal ein Böser

David sprach:
Heute wird dich der Herr in meine Hand geben …

1. Samuel 17,46

1

Eine Erschütterung weckt sie auf. Er ist also nach Hause gekommen. Die zweite Erschütterung sagt ihr, dass er nun in seinem Zimmer verschwunden ist. Und es hat sich offensichtlich nichts geändert. Wenn sie jetzt ihre nackten Füße auf den Boden stellt, wird sie in wenigen Sekunden die Vibration der Bässe spüren. Ihr Hörgerät liegt nur wenig entfernt. Dennoch wird sie nicht danach greifen. Seit drei Wochen spielt er das Lied immer, wenn er aus der Schule kommt. Inzwischen kennt sie den Text so gut, dass sie mitsingen könnte, nur vom Empfinden der Bässe her: *Einmal möchte ich ein Böser sein, eine miese Sau, einmal wirklich hundsgemein, für einen Tag genau …*

An Mittagsschlaf ist nicht mehr zu denken. Sie kann ebenso gut aufstehen und sich anhören, was er zu sagen hat. Vorausgesetzt, dass er ihr etwas sagen will. Sie stellt die Füße auf den Boden und spürt die Vibration. Er muss es ziemlich laut brauchen, heute. Sie erhebt sich mühsam und zieht das Kleid wieder über. Vielleicht war es doch keine gute Idee, den Jungen hier wohnen zu lassen. Mit 70 ist man eben kein Ansprechpartner für junge Leute. *Manchmal möchte man ein Böser sein …* dröhnt es durch die Wand. Gewalt ist doch keine Lösung! Was will er denn machen, als Böser? Das Fliegengewicht der Klasse. Groß für sein Alter, aber beinahe mädchenhaft zierlich. Was will er tun gegen einen, der drei Jahre älter und mindestens zwei Köpfe größer ist? Schnell ist er ja, aber zu leicht. Sie knöpft den obersten Knopf zu, setzt die Brille auf, zieht die Übergardinen zurück, setzte das Hörgerät ein und geht in den Flur. Es ist schon ein Glück, dass er zu ihr so viel Vertrauen hat und sie von der ganzen Geschichte weiß. Nur eine Tür weiter dröhnen die Bässe und grölt es zum wiederholten Mal: *Einmal möchte ich ein Böser sein …*

Sie öffnet die Tür zu seinem Zimmer. »Steffen!« Er hört nicht. »Steffen!« Jetzt hat er sie entdeckt. »Was war denn los, heute?« »Oma, geh raus, du nervst!« Steffen kehrt ihr den Rücken zu und dreht den Lautsprecher bis zum Anschlag auf. Selbst wenn sie gegen den Lärm anbrüllen würde, es hätte keinen Sinn. Steffen will nicht reden. Resigniert zuckt sie mit den Schultern und geht nach draußen. Ich bin einfach zu alt für ihn, denkt sie.

Als die Tür ins Schloss fällt, wirft sich Steffen aufs Bett: Was soll er der Oma denn sagen? Dass er heute schon wieder sein Taschengeld abgeben musste, dass sie ihm das Pausenbrot ins Gesicht geschmiert haben, weil die falsche Wurst drauf war? Dass er eine Memme ist, weil er einfach nichts machen kann gegen diesen Typen? Alle haben sie Angst und keiner sagt etwas. Alle ziehen sie nur die Köpfe ein, machen sich klein und sehen zu, dass sie so schnell als möglich verschwinden. Auch die Lehrer. Es ist einfach nur zum Kotzen. Jeder Tag. Steffen starrt an die Decke. Karate müsste man können oder Judo. Und dann: ein Schlag, knall und aus. Das wär's. Stattdessen soll er Geige üben! Wozu? Damit dieser Idiot sich über ihn lustig macht? Über ihn und über alle anderen in der Klasse! Der bräuchte einfach nur mal eine richtige Abreibung.

2

Der Boden unter seinen Füßen beginnt heiß zu werden. Bald wird die Sonne den Zenit überschreiten. Bald wird das Lager um ihn unruhig werden. Man wird Aufstellung nehmen. Saul steht vor dem Zelt und blinzelt in die Sonne. Er will ruhig und entspannt wirken. Ein Mann, der weiß, was er will und tut. Stattdessen sehen alle einen hilflosen König in ihm. Wenn schon er mit all seinem Wissen keine Idee hat, wie Goliat auszuschalten ist, was sollen dann die anderen tun? Vor sich sieht Saul das Tal liegen. Was für ein schönes Tal. Was für eine reiche und gute Gegend könnte das sein. Aber seine Soldaten fürchten sie mehr als alles andere. Nein, falsch, denkt Saul: Sie fürchten nicht das Tal, sondern ihn und seine Unfähigkeit, seinen Wankelmut. Und sie fürchten SIE. Wenn er zwischen den Zelten hervortritt, kann er bis zu ihrem Lager sehen. Auch dort ist es im Augenblick noch ruhig, auch dort wird in wenigen Stunden der Aufbruch beginnen. Und sie werden lachen und spotten. Nein, wieder falsch: ER wird lachen und spotten über ihn. Und über Gott. Und es gibt nichts, was er tun könnte. Manchmal möchte er einfach nur verschwinden. Oder so viel Hass in sich aufbauen, dass er alle Vorsicht außer Acht lassen und angreifen kann. Aber ist er als König nicht für die Sicherheit seiner Leute verantwortlich? Wenn er sie nun in einen sinnloses

Blutvergießen schickt? Nie, nie würden ihm sein Volk das verzeihen. Und Recht hätten sie damit! Ein König, der ein zweckloses Morden zulässt, hätte den Titel eines Königs unter Gottes Segen verwirkt. Aber ein König, der sich Tag um Tag verspotten lässt, ist auch nur ein Schatten seiner selbst. Saul tritt in das Zelt zurück. Hier ist es schwül, aber das Halbdunkel tut ihm gut. Hier wird er sich einen weiteren Tag verstecken, bis der Ruf zum Angriff ertönt. Einen weiteren Tag gewinnen ... bis ER dastehen und ihn verhöhnen wird. Saul schließt die Augen und versucht an nichts zu denken. Aber es gelingt ihm nicht.

3

Der Schulhof ist ein guter Platz zum Kämpfen. Der Schulhof ist kein guter Platz zum Kämpfen. Der Schulhof ... Seit einer halben Stunde dreht sich dieser Satz in Steffens Kopf. Warum auch musste er so blöd sein und die Herausforderung annehmen. Die Großmutter dürfte das nicht wissen. Vermutlich würde sie vor Schreck tot umfallen, und dann wäre er ganz allein. Aber deswegen kneifen? Sich feige verpissen? Nein, das wird er auch nicht. Vermutlich wird nichts Schlimmes passieren. Hoffentlich. Vielleicht.

Steffen steigt auf den kleinen Stein an der Rabatte, zieht sich am Schulzaun hoch und ist drüben. Der Hof liegt kahl und leer. Unheimlich still ist es, wenn keiner herumrennt, keiner schreit, keiner streitet. Die anderen scheinen nicht da zu sein. Steffen sieht sich triumphierend um. Na, wer ist hier der Feigling!, denkt er.

Dann knackt es hinter ihm. Zu früh gefreut. Ruckartig dreht sich Steffen um. Da stehen sie und grinsen. ER ist auch da. Mittendrin. Einen Kopf größer als die anderen. »Na, Kleiner, doch gekommen? Hat die Oma dich hergelassen? Hast dir ja was vorgenommen.« Er umkreist ihn in einiger Entfernung. »Angst?« Steffen schweigt. »Was meinst du, was wir jetzt mit dir machen?« Er zählt an den Fingern ab, was sie sich diese Woche ausgedacht haben: »Dein Schulbrot für diese Woche ist uns sicher. Dein Taschengeld haben wir auch schon. Ja, was machen wir aber, wenn es nicht reicht?« Er tritt einen Schritt auf Steffen zu. Als ob er ihn tröstend in die Arme nehmen möchte. Aber seine Stimme klingt kalt: »Diesmal ist es bedauerlicherweise nicht genug. Du sollest dir was ausdenken, was uns Freude macht!«

Steffen steht und starrt ihn an. Ihm ist kalt und heiß zugleich. Seine Füße sind wie Blei, und gleichzeitig wollen sie zum Zaun. Wegrennen. Verschwinden.

Wieder gibt der andere seiner Stimme einen freundlichen Ton: »Mal sehn. Wie wäre es, wenn wir dir eine kleine Mutprobe aufladen? Nur so, damit du dich noch ein bisschen besser an uns gewöhnst.« Laut und schneidend fährt er fort: »Und dass dir endlich klar ist, dass wir es ernst meinen!« Bei den letzten Worten ist er einen weiteren Schritt auf Steffen zugegangen und hat in ein Megaphon gesprochen. Woher hat er es auf einmal? Steffen weiß es nicht. Die Wand des Schulhauses wirft den Klang zurück. Ihm ist elend zumute.

Der Riese dreht sich zu seinen Kumpanen um und lacht. Zurück zu Steffen gewendet sagt er: »Ja, Hosenschisser: Das wär's dann erst mal für heute. Renn gleich zu deiner Oma.

Aber erzähl ihr nichts. Wir erfahren alles, das weißt du ja. Wir sehn uns morgen in der Schule. Und denk dran! Überleg dir was, was uns Freude macht, sonst können wir sehr, sehr böse werden. Und das willst du doch nicht Hosenschisser, oder?« Dann dreht er sich um: »Kommt Leute, Abgang!«

4

Goliat steht vor den geschlossenen Schlachtreihen der Philister und lacht. Er legt dazu den Kopf in den Nacken und schließt die Augen. Seine eiserne Rüstung schlägt gegeneinander. Vor ihm, nur durch die Senke des Tales getrennt, stehen die Israeliten in unordentlichen Reihen. »Warum seid ihr ausgezogen und habt euch zum Kampf aufgestellt? Bin ich nicht Goliat aus Gat, ein Philister, ein freier Mann, und ihr, seid ihr nicht die Knechte Sauls? Wählt euch doch einen Mann aus! Er soll zu mir herunterkommen. Wenn er mich im Kampf erschlagen kann, wollen wir eure Knechte sein. Wenn ich ihm aber überlegen bin und ihn erschlage, dann sollt ihr unsere Knechte sein und uns dienen.« Sein Kopf gleicht einem Kürbis in einem guten Erntejahr. Massig. Seine Nase bläht sich wie ein Segel, wenn er die Luft einsaugt. Der Kopf geht fast unmittelbar in breite Schultern über, die der eiserne Panzer bedeckt. Die Israeliten starren ihn an. Goliat grinst und wendet sich halb zu den eigenen Reihen: »Heute habe ich die Reihen Israels verhöhnt. Schickt mir doch einen Mann, damit wir gegeneinander kämpfen können. Wollen sehn, ob sich ein Mann findet, der gegen den Philister Goliat antritt!« Wieder beginnt er zu lachen, und die Soldaten der

Philister fallen in das Lachen ein. Dann wendet er sich um und tritt in die eigenen Reihen zurück.
Die Israeliten werden unruhig. »Habt ihr ihn gesehen? Was das für ein Mann ist! Wie er daherkommt!« Saul spürt das Flüstern mehr, als er es hört. Er dreht sich um und will in sein Zelt gehen. War je ein König in Israel so allein wie er? Ist da keiner, der an seine Seite treten könnte? Da entdeckt er einen Knaben zwischen den Männern. Was hat ein Kind in den Reihen der Männer verloren?, denkt er beim Weggehen. Aber der flüchtige Eindruck wird durch die Last der Tage verdrängt. Goliat ist so stark und übermächtig. Er ist nicht zu schlagen. Nicht von ihm und nicht von den Männern, die an seiner Seite stehen sollten und doch nur eine Art Staffage sind.
Auch der Hirtenjunge David hört das Flüstern und mischt sich unter die Männer. »Was ist das für ein Mann? Wie kommt der dazu, die Schlachtreihen des lebendigen Gottes zu verhöhnen? Wie könnt ihr das zulassen!« Aber er erhält keine Antwort. Die Männer sagen immer nur dasselbe: »Wer ihn erschlägt, den wird der König belohnen. Aber wer ist schon so verrückt, das zu versuchen.«

5

Ich bin ein Niemand, ich bin ein Wicht, bin einer, der stets kroch
Bin zu Hause, wo's nach Zwergen riecht, bin das letzte Loch.
Ich kann nackt am Hauptplatz stehen, im hellsten Sonnenschein

Trotzdem werd ich übersehen, nach mir da pfeift kein
Schwein.

Steffen schlägt seine Hände im Takt auf den Schreibtisch. Vor ihm liegt der Biologiehefter. Aber die Musik ist wichtiger. Wesentlich wichtiger.

Doch einmal wird das anders sein, dann kommt mein
großer Tag
Ich werde bi-ba-bu-böse sein, superbös, bumm und zack.

In seinem Kopf sieht er sich mutig auf den Riesen zugehen und ihm einen Schlag verpassen. Nur einen einzigen, aber der würde sitzen. Knall. Und dann wäre das geklärt. Ein für allemal.
Ein Klopfen an der Tür reißt ihn aus seinen Gedanken. Die Realität ist wieder anwesend. Er ist allein in seinem Zimmer, die Typen werden ihn morgen erwarten, und nichts, nichts kann sie aufhalten.
Er sieht zur Tür. Dort steht David und grinst ihn schief an. Was will der denn hier? Besuchszeit bei den Klassenversagern? Zweitschwächster empfängt den Lütten, na danke. »Deine Oma hat mich reingelassen.« – »Schon o.k.« – »Machst'n?« – »Theoretisch Bio.« Steffen steht auf und dreht die Musik leiser. »Krasses Lied, was?« – »Echt krass. Obwohl's schon ziemlich alt ist.« Schweigend sitzen sie auf Steffens Bett, bis das Lied zu Ende ist. Steffen stellt das Radio aus. Keiner will anfangen.
»Was machst'n gegen die aus der 10?« – »Woher …?« – »Reg dich ab, ich bin ganz zufällig vorbei gekommen und habe euch gesehen. Da wollte ich doch wissen, was um diese

Zeit auf dem Schulhof abgeht. Warum lässt du dir das gefallen!« – »Was soll ich denn machen? Wie stellst du dir das vor? Kleiner Spund haut zu? Damit die mich zu Mus verarbeiten oder was? Mein Taschengeld haben sie sowieso. Geld hab ich keins mehr. Ich habe gar keine Ahnung, was solchen Dumpfbacken Spaß macht.« Steffen greift nach seiner Geige, die neben ihm auf dem Regal liegt, klemmt sie sich wie eine Gitarre unter den Arm und zupft sie wie eine Gitarre und singt:

Einmal möchte ich ein Böser sein, eine miese Sau
Einmal richtig hundsgemein, für einen Tag genau.
Einmal möchte ich ein Böser sein, grausam und brutal
Und dann zieh ich meine Spur durch dieses Jammertal.
Die Bösen, die Bösen, die Bösen sind nicht gut.

David hört nachdenklich zu.

Und dann hau ich mir selber meine Augen blau,
denn ich hasse mich und diese Welt!
Die Bösen, die Bösen, die Bösen sind nicht gut.

»Das ist es«, sagte David plötzlich. »Was ist was?« – »Na die Lösung, du Dummi!« – »Könntest du mich mal aufklären! Was soll hier eine Lösung sein?« – »Das Lied ist die Lösung!« – »Kapier ich nicht.« – »Na hast du nicht zugehört? *Und dann hau ich mir selber meine Augen blau* …« Steffen sieht ihn verständnislos an. David winkt ab: »Ich hab noch was zu tun. Wir sehn uns.« – »Klar, morgen, wie immer …« Aber das hört David schon nicht mehr. Hinter ihm fällt die Wohnungstür ins Schloss.

6

David stakst in Sauls Rüstung durch das Zelt. Es ist einfach nur albern. Der Helm rutscht ihm über die Augen. Ständig muss er aufpassen, dass er sich nicht in seine eigenen Beine oder das Schwert oder beides verwickelt. Die Knieschützer behindern seine Füße. So kann er unmöglich dem Philister entgegentreten. Der würde sich totlachen. – Aber dabei leider nicht sterben. Nein, so geht das nicht. »Dein Knecht hat die Tiere seines Vaters in der Wüste gehütet«, wendet sich David an Saul. »Und wenn ein Bär oder ein Löwe kam und eines der Lämmer riss, dann bin ich ihm gefolgt. Ich habe gegen ihn gekämpft. Und ich habe ihm mein Tier abgejagt. Ich habe den Löwen und den Bär erschlagen. Und diesem ungläubigen Philister soll es genauso ergehen. Er verspottet den lebendigen Gott und das Volk des lebendigen Gottes. Das wird er nicht ungestraft tun. – Aber lass mich mit meinen Mitteln kämpfen.«

Saul zieht ärgerlich die Augenbrauen nach oben. Da hat er nun diesen kleinen Wicht, der sich anbietet, den Riesen zu schlagen, in sein Zelt, immerhin das Zelt des Königs, gebeten. Und nun meint dieser Grünschnabel mehr vom Kämpfen zu verstehen als er. Aber es wäre nicht gut, ihn jetzt zu verärgern. Saul nickt stumm. Es tut ihm auch leid um den mutigen Jungen. Aber hat er denn eine Wahl? Liegen sie nicht viel zu lange schon hier an den Hängen des Tals und lassen sich verspotten? Ein Angriff mit ihm ist immer noch besser als abwarten. Und wenn, wenn es dem Kleinen gelingen würde, den Philister zu überlisten … Saul wagt nicht weiterzudenken. Egal, was es für ihn als König, egal, was

das für das ganze Volk bedeuten könnte. Sie sind am Ende. Und vielleicht ist so ein Kleiner wirklich eine Stern am dunklen Himmel, der ihnen den Mut zurückgeben kann.
David legt inzwischen die Rüstung ab. Dann verneigt er sich kurz vor Saul und verlässt das Zelt. Im gleißenden Licht der Sonne hält er kurz inne, bedeckt die Augen und sucht den Horizont ab. Dort, jenseits des Lagers, sieht es gut aus, dort kann er fündig werden. Entschlossen macht sich David auf den Weg. Die Männer schauen kurz auf, als er an ihnen vorbeiläuft. Aber es hält ihn niemand zurück. Selbst seine Brüder bleiben an ihrem Zelt stehen. Sie begnügen sich damit, ihm wütend nachzusehen und die Arme vor der Brust zu verschränken. Hat sich der Kleinste der Familie mal wieder wichtig gemacht. Männer kämpfen und Kinder hüten das Vieh. Seit wann ist es in Israel üblich, dass ein Kind sich in die Sache der Männer einmischt? Und wie sollen sie dem Vater später erklären, dass sie leben und der Bruder nicht? Was ist Saul noch für ein König?
Währenddessen erreicht David einen Bach, der im Schatten der Bäume den Hang hinunterplätschert. Er braucht nicht lange zu suchen. Es gibt hier unendlich viele der kleinen, runden Steine, die er benötigt. Er wählt fünf glatte, flache runde Kiesel aus.
Die Stunde Goliats rückt heran. Die Kampflinie formiert sich. Die Philister auf der einen Seite des Tales, die Israeliten auf den anderen. Und vor der Linie, neben dem König, steht ein kleiner, hagerer Hirtenjunge und wartet auf das Signal, das Goliat setzen wird.

7

Steffen stöpselt sich die Ohren mit den Kopfhörern zu, lässt die Musik aber noch aus. Die Erste Allgemeine Verunsicherung ist gut, sehr gut an diesem Morgen. Die Großmutter hat ihm das Brot über den Tisch geschoben. Sie trägt noch ihren alten, geblümten Morgenmantel. Ein bisschen ähnelt sie einem Kaffeewärmer. Steffen lächelt. Sie meint es schon gut mit ihm, zu gut vielleicht. Er sollte ihr erzählen, was vor sich geht. Sie würde zuhören und ihn möglicherweise sogar verstehen, möglicherweise. Aber genau das haben die Riesen über ihn gesagt: »Rennt der kleine Bubibubi jetzt bestimmt zu seiner Omiomi und zum Herrn Direktor, macht der kleine Bubibubi sich die Hosen nass.« Den Gefallen wird er ihnen bestimmt nicht tun. Er ist kein Bubibubi. Aber es tut ihm trotzdem leid. Es ist so, als ob er sie hintergehen würde. Irgendwie weiß sie ja, dass etwas nicht in Ordnung ist. Vor ihr konnte man das ohnehin nicht verbergen. Aber ihr noch mehr erzählen? Nein, das kommt nicht in Frage. »Ist auch wirklich gekochter Schinken drauf, Oma?« – »Ja, sicher ist da gekochter Schinken drauf, Junge. Ich wunder mich nur. Noch vor zwei Wochen wärst du lieber verhungert, als ihn zu essen, und seit einer Woche willst du nichts anderes mehr …« Dabei sieht sie ihn über die Ränder der Brille mit einem prüfenden Blick an, der ihm durch und durch geht. »Der Geschmack ändert sich eben«, antwortet Steffen leichthin. »Na hoffentlich nicht so oft. Da koche ich vielleicht dein Lieblingsessen, und dann isst du es seit einer halben Stunde nicht mehr …« – »Ach, Oma«, Steffen legt den Arm um die Großmutter, »dir wird dann schon was einfallen, sollte es

jemals dazu kommen.« – »Na, nun geh schon Junge, sonst kommst du noch zu spät.« – »Hast Recht.«
Zur gleichen Zeit steht David wartend am Straßenrand. In seiner Hand hält er eine kleines Ästchen. Unscheinbar. Aber David weiß, was er will. Er hat lange genau nach diesem Ästchen gesucht. *Und dann hau ich mir selber meine Augen blau, denn ich hasse mich und diese Welt* … Genau, das ist das Beste, wenn sie sich selber die Augen blau schlagen. Auf jeden Fall besser, als wenn sie die von Steffen bearbeiten …

8

Goliat sieht den Knirps vor sich belustigt an. Es kann sich nur um einen Scherz handeln! Oder sind die Israeliten jetzt wirklich verrückt geworden? Er geht langsam auf David zu. Aus seiner Belustigung wird Ärger: »Bin ich denn ein Hund, dass du mit einem Stock zu mir kommst? Was ist das für ein Gott, der Kinder in den Krieg schickt! Sind die Männer Israels Memmen? Ist euer König ein feiger Hund, dass er einen kleinen Jungen braucht, um mutig zu werden? Bei den Göttern, so etwas Erbärmliches ist mir noch nicht vorgekommen. Geh, geh nach Hause zur Mama, so lange du noch kannst, geh und grüß deinen Gott von Goliat, dem Philister! Sag ihm, es gibt keine Männer mehr in Israel. Er soll für Männer sorgen, nicht für Säuglinge! Doch wenn du näher kommst, werde ich dein Fleisch den Vögeln und den Bären geben.«
David atmet tief durch: »Du kommst zu mir mit deinem riesigen Schwert, mit Helm und gepanzert. Ich aber komme im Namen des Herrn, unseres Gottes, des Herrn der Heere, im Namen des Gottes der Schlachtreihen Israels, den du ver-

höhnt hast. Heute wird er dich mir ausliefern. Ich werde dich erschlagen und dir den Kopf abhauen. Die Leichen des Heeres der Philister werde ich noch heute den Vögeln des Himmels und den wilden Tieren geben. Alle Welt soll erkennen, dass Israel einen Gott hat. Gott schafft nicht durch Schwert und Speer Rettung. Es ist ein Krieg des Herrn, und er wird dich und euch in unsere Gewalt geben.«
Goliat geht David Schritt für Schritt weiter entgegen. Es trennen sie nur wenige Meter. Bald wird David in der Reichweite des Schwertes sein. Goliat hält kurz inne. Ob er noch einmal spotten wollte oder sein Schwert zücken? David wird es nie erfahren. Er nimmt in diesem Augenblick einen der Steine aus seiner Tasche, legt ihn in die Schleuder, zielt und lässt den Stein davonschnellen. Er trifft ihn an der Stirn, nur wenige Millimeter unterhalb des Helms. Goliat, der Riese, sackt in sich zusammen. Noch einmal atmet David tief durch, tritt neben den Philister, zieht das Schwert des Philisters aus der Scheide und schlägt zu. Als der Kopf zur Seite rollt, gibt es auf beiden Seiten kein Halten mehr. Die Israeliten stürmten jubelnd vor, die Philister fliehen, als hätten sie den Teufel im Nacken. Und mittendrin steht David, gestützt auf Goliats Schwert, ungläubig, erleichtert, dankbar und bedrückt. Der Sieg Gottes hat ihn zum Mann gemacht.

9

David steht an der Straße vor der Schule. Er ist heute sehr früh losgegangen. Der Riese ist immer einer der Ersten. Vermutlich weil er die anderen dann leichter abpassen kann. Er sieht ihn schon von Weitem. Das Rad funkelt in der Sonne.

Wer weiß, wer dafür gelitten hat. David winkt, und der andere hält an. »Na, Kleiner? Willst du was von mir?« Die Stimme klingt ungläubig. David nimmt seinen Mut zusammen. »Lass Steffen in Ruhe.« – »Wie?« – »Ihr sollt Steffen in Ruhe lassen!« – »Hat er dich gebettelt, hier zu stehen? Ja? Cleveres Kerlchen! Nehmen wir euch beide. Klar. Zwei Häschen in der Pfanne ist immer besser als eins. Meld dich in der großen Pause bei mir und bring dein Frühstück und dein Taschengeld mit.« Lachend und den Kopf schüttelnd schwingt er sich aufs Rad und fährt los. Die Kleinen sind doch zu dumm. Als ob er den einen für den anderen aufgeben würde. Auf diesen Augenblick hat David gewartet. Er rennt los und zielt mit dem Ästchen genau auf die Speichen. Den Bumerang seines Großvaters hat er schon immer gern geworfen. Und ebenso sicher trifft sein Ästchen, verhakt sich kurz, fliegt nach der einen Seite davon und der Riese nach der anderen.

David wartet nicht, was geschieht, er jagt wie verfolgt davon. *Die Bösen, die Bösen, die Bösen sind nicht gut,* singt es in ihm. Die Töne dröhnen in seinem Kopf. Er will nicht sehen, was geschehen ist. Es war wohl keine gute Idee, sich als David gegen Goliat zu stellen.

Steffen kommt den Weg zur Schule gebummelt und möchte bei jedem Schritt anhalten. Wenige Meter vor sich sieht er David davonlaufen und versteht nicht, warum er flieht. Dann hört er es: Das Wimmern eines Kindes. Naja, vielleicht eines großen Kindes. Aber es klingt so hilflos. Auf der Straßen liegt ein verbeultes Fahrrad. Und an der Seite, er traut seinen Augen kaum, liegt der Riese. Ja, wirklich, er wimmert wie ein kleines Kind. Der Helm hat seinen Kopf einiger-

maßen geschützt, aber die Knie sehen nicht gut aus, und sein Arm steht merkwürdig vom Körper ab. Steffen steht am Rand der Straße. Er braucht einige Sekunden, um zu begreifen, dass er dem Riesen helfen sollte. Und vielleicht auch einen Krankenwagen rufen. Und er fühlt ein neues Gefühl von Freiheit in sich. Der wird ihn nicht mehr so schnell in die Ecke drängen. Aber man ist ja kein Unmensch. Oma hat ihm die Nummer des Arztes vor einigen Tagen in sein Handy gespeichert. Für alle Fälle, meinte sie damals. Man kann nie wissen, wann man so was mal braucht. Damals fand er es nur blöd. Jetzt zückt er stolz das Telefon und sucht die Nummer. »Ja, hier ist Steffen Hauberlein. Ich stehe in der Nähe der 57. Mittelschule in der Graumannstraße. Hier liegt ein Jugendlicher auf der Straße. Der ist mit seinem Fahrrad hingefallen. Ich glaube, er braucht Hilfe.«
Hinter sich hört er die anderen Schüler kommen. Sie bleiben bei ihm stehen und schauen den Riesen an, wie er daliegt und jammert. Der Anblick ist unbezahlbar.
David steht hinter der Hecke an der Schule und sieht zu, wie die anderen kommen, dann fährt der Krankenwagen vor, dann lösen die Lehrer die Versammlung auf. Er kann sich nicht rühren. Er wird zu spät zum Unterricht kommen. Aber seine Beine wollen ihn nicht tragen. Es war ein Sieg. Ja, der Riese ist gefallen. David atmet immer noch heftig, als ob er zu schnell gerannt wäre. Angst schnürt ihm die Kehle zu. Aber der Riese hätte sterben können!, denkt er immer wieder. Und ich wäre daran schuld gewesen. Ich! *Die Bösen, die Bösen, die Bösen sind nicht gut …*, singt es wieder in seinem Kopf. Nein, die Bösen sind nie gut. Aber wer bin ich?

Der Junge mit den Sternenaugen

> Als nun Ruben wieder zur Zisterne kam
> und Josef nicht darin fand,
> zerriss er sein Kleid
> und kam wieder zu seinen Brüdern und sprach:
> Der Knabe ist nicht da! Wo soll ich hin?
>
> *1. Mose 37,29*

Ich bin ein gewissenhafter Mensch. Das sagen alle. Regeln sind dafür da, dass man sie beachtet. Auch die, die man sich selbst auferlegt. In dieser Zeit vor Ostern wollte ich es unbedingt schaffen, vierzig Tage ganz ohne Fernseher auszukommen. Gegen die Faszination der bewegten Bilder bin ich machtlos. Frauenuntypisch, ich weiß. Gerade deshalb wollte ich mir selbst zeigen, dass ich auch ohne sie auskomme. Vielleicht war die versuchte Distanz eine alberne Idee. Aber ich wollte mir beweisen, dass ich mich anders ebenso effektiv informieren kann, dass die Welt der schönen Bilder vor allem außerhalb der Technik stattfindet. Es war eigentlich nur ein ganz kleines Vergehen, einmal Nachrichten und die Reportage danach. Alles in allem vielleicht dreißig, vierzig Minuten, höchstens eine Stunde, schätze ich. Aber es reichte, um mein Leben in den Grundfesten zu erschüttern.

Ich hatte, genau genommen, die Männer aus den Containern schon hunderte Male gesehen. Sie steigen aus, manchmal aus Schiffen, manchmal aus Lastkraftwagen. Fast immer Männer, durchgeschwitzt, halb verhungert oder erstickt. Ganz selten findet sich eine Frau unter ihnen. Vielleicht hatte ich mich an den Anblick gewöhnt? Sie waren so weit weg. Und wenn sie den Containern entstiegen, war das Schlimmste ohnehin überstanden. Festung Europa? Ich habe darüber selten nachgedacht. Und Kinder? Sie sitzen mit in den Schiffen, in den kleinen, wackligen Booten. Aber steigen sie auch aus den Containern? Nein, ich glaubte, aus den Containern steigen immer Männer, junge, kräftige Männer am Ende ihrer Kraft. Aber diesmal war ein Kind dabei. Ein Junge, vielleicht zwölf, dreizehn. Ein Junge mit schwarzen Haaren und Augen wie Sternen. Ich habe ihn drei oder vier Sekunden bewusst gesehen, aber der Blick seiner klaren Augen ging mir durch und durch. In diesem Moment beschloss ich, über ihn und seine Familie eine Reportage zu schreiben. So ein Kind kommt doch bestimmt nicht allein hierher. Warum haben sie ihn mitgenommen? Es hätte eine Tour ohne Wiederkehr sein können. Die Männer wussten das. Jedenfalls nehme ich das an. Oder hat man ihnen ein Land mit Milch und Honig vorgegaukelt, in das man nur hineinschweben muss, um an allem Anteil zu haben? Ich habe keine Ahnung. Aber in dieser Nacht beschloss ich, demnächst Ahnung zu haben. Und den Jungen mit den Sternenaugen kennenzulernen.

Erste Enttäuschung

Noch in der Nacht dachte ich darüber nach, wie ich vorgehen könnte. Sollte ich bei den Grenzern beginnen, die den Transporter samt Container gestoppt hatten? Von dort aus könnte ich versuchen, den Weg der Familie nachzuzeichnen. Die Kollegen, die die Reportage erarbeitet hatten, halfen mir weiter. Sie knüpften einen Kontakt zu den Beamten. Das Verrückte war, dass diese steif und fest behaupteten, weder einen Jungen gesehen noch registriert zu haben. Ich schilderte sein Aussehen und – seine Augen. Aber das löste in ihnen nichts aus. Es sei kein Kind unter den kürzlich Eingeschleusten gewesen. »Und wo sind die, die hier angekommen sind?« – »Die meisten sind schon wieder auf der Rückreise. Einige warten vielleicht noch auf die Abschiebung. Können wir Ihnen auch nicht weiterhelfen.« Und wenn ihr könntet, dürftet ihr nicht. Und wenn ihr dürftet, wer sagt mir, dass ihr das wölltet?, setzte ich in Gedanken hinzu. Jedenfalls war damit für sie das Gespräch beendet. Vermutlich hatten sie sich einfach nur korrekt verhalten. Und ich stand wieder am Anfang. Aber der Junge mit den Sternenaugen musste doch irgendwem aufgefallen sein.

Ich kehrte zu den Kollegen zurück. Wo hätte ich meine Suche auch sonst noch einmal beginnen können? Es waren nette Menschen. Sie zeigten mir bereitwillig alle Aufnahmen. Eine Sisyphusarbeit. Gemeinsam prüften wir das Material. Ich hatte Recht. Es war ein Junge dabei gewesen. Ein drahtiges Kerlchen. Beim genaueren Hinsehen wurde ich mir in der Einschätzung des Alters unsicher: Er konnte ebenso gut zehn wie fünfzehn Jahre alt sein.

Sie sahen ihn erst jetzt. Er hatte sich gut zu verbergen gewusst. Auf den wenigen Aufnahmen, die ihn zeigten, fielen seine lebendigen Augen auf. Im Gegensatz zu den Männern stammte er wohl aus Europa. Seine Haut war weit weniger dunkel. Er konnte Italiener sein, Bulgare vielleicht oder auch Rumäne. Irgendwo da, aus dem Süden. Oder Grieche, Serbe? Wie wenig wusste ich über den Süden Europas!

Über Italien ebenso wie über den Balkan. Ich war nie dort gewesen. Ein Umstand, den ich ändern sollte, fand ich.
Zwei Wochen später griff man durch Zufall ein paar Männer einer Schlepperbande auf.

Zweite Enttäuschung

Als mich der Kameramann anrief, war ich schon mit ganz anderen Sachen befasst. Vielleicht hätte ich früher oder später den Jungen vergessen? Er erzählte mir von dieser Bande, die festgenommen worden wäre. Ich horchte auf. War das eine erste Spur? Er sei überzeugt, das Kind, das ich suche, hielte sich in der Nähe versteckt oder werde verborgen gehalten. Vielleicht sollte ich einen Bericht über diese Männer machen, die sie gefasst hätten. Ich wollte doch versuchen, an die Leute ranzukommen? Und an das Kind? Die Stimme klang fragend. War er nicht dabei gewesen, als ich die Aufnahmen durchsah?
Eine gute Idee, diese Schlepperbande zu interviewen. Ich versprach, ihn auf dem Laufenden zu halten. Man könne sich ja einmal zu einem Glas Wein treffen, meinte er fast beiläufig. Charmeur.
Eine schlechte Idee. Möglicherweise hätte man eine echte Journalistin vorgelassen, aber eine wie mich? Halb dieses, halb jenes, halb Journalistin, halb Literatin oder was sich sonst an Überlebensjobs bot. Ich konnte nicht einmal irgendeinen Auftrag vorweisen, nur meine vagen Vermutungen. Das reichte der Justiz eindeutig nicht. Besuchsanfrage abgelehnt. Und was nun?

Das Glas Wein kam mir in den Sinn. Und es erschien mir in diesem Augenblick um ein Vielfaches verlockender als vor wenigen Tagen. Also rief ich Jossel an. Netter Kerl. Nahm sich sofort Zeit. Ich erzählte ihm noch einmal meine Vorstellungen, meine Ideen der Geschichte. Er hörte mir geduldig zu. Irgendwann lachte er und meinte, das sei wohl keine Reportage, das sei wohl eher ein Spielfilm. Sei's drum. Ich möchte den Jungen sehen, mit ihm reden, hören, warum er hierher verschlagen wurde, mit Männern, die aus einer ganz anderen Gegend stammen.
Diesmal dauerte es ganze zwei Wochen, bis er mich wieder anrief. Ich hatte ungeduldig gewartet. Aber ich hatte gewartet und gehofft. Das Glas Wein zeigte eine neue Wirkung. Und ich hatte selbst auch nach Informationen gesucht. Seine Antworten überraschten mich und überraschten mich nicht: Männer, Frauen, Kinder kamen aus Afrika übers Meer. Das war bekannt. Die Männer aus den Nachrichten. Die meisten Frauen kamen aber aus dem Osten. Es gab zwei beliebte Routen: Ein Teil der Afrikaner kam über Spanien. Afrikaner und Osteuropäer teilten sich den Weg über den Balkan. Rumänien und Bulgarien gehörten zu den wichtigsten Transitländern. Und ganz gegen den Anschein betraf der Handel zu über 90 Prozent Frauen, meist klassisch angeworben über Anzeigen und große Versprechungen. Entführungen waren eher selten. Die Männer, die gefasst worden waren, gehörten also offensichtlich zu einer größeren Organisation. Kein Wunder, dass die Justiz mich abgelehnt hatte. Wer weiß, wer ich war, was ich wollte.
Jossel schlug vor, gemeinsam an der Geschichte dran zu bleiben. Er wolle mich gern unterstützen. Ich habe aber noch nie

fürs Fernsehen gearbeitet, sagte ich. Dann wirst du es lernen, meinte er. Aber sie werden doch einen Beitrag von einem Niemand nicht bringen. Dann investiere ich und investiere und am Ende habe ich keine Einnahmen für diese Zeit. Das kann ich mir nicht leisten. Sei nicht so pessimistisch, entgegnete er. Und: Wann sehen wir uns?
Ich spürte deutlich, er würde nicht locker lassen. Er war mit Feuer und Flamme dabei, an diesem Thema zu arbeiten. Vielleicht arbeitete er auch an mehr als an diesem Thema? Ich gab es auf zu protestieren. Morgen?, fragte ich zaghaft, vielleicht mit einer Spur Hoffnung, dass er ablehnen würde. Gut, morgen früh. Ich komm zu dir.
Pünktlich um neun stand er vor der Tür. Es gab kein Entrinnen mehr. Der Junge mit den Sternenaugen ließ mich nicht mehr los.

Dritte Enttäuschung

Jossel lächelte und präsentierte mir eine Rose, selbst geklaut. Eigentlich war ich aus diesem Alter schon heraus! Aber es rührte mich dennoch. Wie selbstverständlich begutachtete er dann meine Wohnung, fand sie nett, aber klein. Du lebst allein?, wollte er wissen. Ich verdrehte die Augen. Sah man das nicht? Wo sollte ich in 40 qm einen zweiten Menschen verstecken? Wo sollte er schlafen? Arbeitsraum, Wohnzimmer, Schlafzimmer, alles in einem, die kleine Kochnische und das Bad mit Toilette. Er schien sehr zufrieden zu sein. Ob es an der Einrichtung lag oder an der Erkenntnis, dass ich wirklich hier allein leben musste, wollte ich offenlassen. Jossel machte den Eindruck, als hätte er mir das gern erklärt. Ich schob ihn auf die Couch, stellte Tee und Kekse auf den Tisch, legte demonstrativ mein Notizbuch zurecht. Wir trafen uns hier zum Arbeiten und zu nichts anderem!

Wir sollten die Strecke abfahren. Jossel lehnte sich zurück, verschränkte die Arme über dem Kopf und sah mich herausfordernd an. Findest du nicht, wir könnten erst einmal hier noch ein wenig nachforschen? – Was willst du hier noch erfahren? Einige sitzen seit Ende März in Haft, sie sind über den Balkan gekommen, und sie müssen den Jungen dort irgendwo aufgegabelt haben. Er war definitiv kein Afrikaner. Ich würde denken, er kommt aus Bulgarien oder Rumänien. – Wie du. Das war mir so herausgerutscht. Jossel sprach perfekt Deutsch. Aber irgendetwas an seinem Deutsch war merkwürdig. Ich hatte das nicht sagen wollen. Jossel schwieg. Er wirkte nachdenklich. Ja, wie ich. Dann sah er mich verschmitzt an: Und deshalb hast du in mir auch den besten Reiseführer, den du dir wünschen kannst.

Wie ich die Sache auch drehte und wendete, er hatte Recht: Er kannte sich aus, war sprachgewandt. Was konnte mir Besseres geschehen als die Begegnung mit ihm? Und wo kommst du genau her?, wollte ich wissen. – Nicht so viele Fragen auf einmal ... Wahrscheinlich ist sein Wortgebrauch für heute schon ausgeschöpft, dachte ich verstimmt. Männer.

Jossel übersah meinen kritischen Blick und begann zu planen. Ich besaß zwar einen Führerschein, aber kein Auto, er auch nicht. Man müsste sich eins borgen, aber das könne ich ihm überlassen. Viel wichtiger sei die Route. Am besten

über Österreich, dann den Balkan entlang und bis nach Bulgarien. Es schien, als ob er sehr genau wisse, wo die Händler ihre Opfer entlangführten. Es wunderte mich. So etwas erfährt man doch nicht in so kurzer Zeit! Oder doch? Gewusst wo? Jossel ließ sich von meinen fragenden Blicken nicht beirren. Er würde sich um die äußere Organisation kümmern, ich um die innere. – Gut, aber was meinst du damit? – Na, sammle die Informationen über den Jungen, alles was du kriegen kannst, such die Bilder raus. Denke dich in die Täter hinein. Warum und wo nimmt man einen Jungen in eine Gruppe auf, die ganz anders ist, sonst. Und wer könnte warum ein Kind loswerden wollen? Wir redeten und redeten, erst am frühen Nachmittag verabschiedete ich ihn an der Tür. Vielleicht war es doch ganz gut, dass man schon an meiner kleinen Wohnung sah, dass sich in meinem Leben im Augenblick kein Mann verbarg …, dachte ich.
Eine Woche später versuchte ich Jossel telefonisch zu erreichen. Das Handy war abgeschaltet, der Festnetzanschluss abgemeldet. Jossel war spurlos verschwunden.

Auf dem Balkan

Ich war so traurig, dass ich zwei Tage nicht mehr arbeitete, die Wohnung nicht verließ und mich von dem ernährte, was eben so da war. Warum? Männer. Männer! Dabei war ja gar nichts gewesen. Nur eben unsere Pläne, das Kind mit den Sternenaugen – ja, natürlich, und ein vages Gefühl. Es überraschte mich selbst, dass ich so auf sein Verschwinden reagierte. Aus, vorbei, nie wieder …

Am dritten Abend setzte ich mich vor den Fernseher und beschloss, ins Leben zurückzukehren. Es war ja nichts geschehen, nur Hoffnungen waren zerstoben. Der Film schmolz dahin. Verliebte Paare, wohin man sah. Unerträglich. Ich ließ die Sender auf und ab laufen. Auf einem schwankenden Boot, eher einer Nussschale, drängten sich Männer und Frauen. – Ach, Jossel! – Der Kommentator berichtete von ihrer Flucht, ihren Hoffnungen. Ob der Junge auch deshalb aufgebrochen war? Aber verlassen kleine Jungs einfach so, auf Hoffnung hin, ihre Familie, die Freunde? Das tun doch nur Erwachsene.
Fischer am Strand. Einer von ihnen wurde verhaftet. Die Szene sei nachgestellt, betonte der Reporter. Warum geschieht so etwas? Weil er eine Familie aus dem Meer gefischt habe. Nun müsse er sich vor einem sizilianischen Gericht wegen Beihilfe zum Menschenhandel verantworten.
Da war es wieder, mein Thema. Ein harmloser Fischer vor Gericht. Ein Kind mit Sternenaugen irgendwo in Deutschland. Allein? Oder missbraucht? Was wusste ich schon! Und ungezählte Frauen, die sich nicht verteidigen können, keinen Pass mehr haben, unsichtbar geworden sind. Ich konnte mich nicht einfach so davor verschließen. Es war wichtig, dass ich den Jungen fand. Ob mit oder ohne Jossel. Ich würde mich auf die Reise begeben.
Und auf einmal ebneten sich die Wege vor mir. Als ob mein Leben genau auf diesen Augenblick gewartet hätte. Auf dem Tisch lagen noch Jossels Notizen. Eine Freundin war bereit, mir ihr Auto zu borgen. Ein alter Wagen, aber gut in Schuss. Ein Projekt warf plötzlich mehr ab, als eingeplant, und ich konnte mir eine Auszeit leisten. Es war faszinierend. Inner-

halb von vierzehn Tagen waren meine Vorbereitungen abgeschlossen. Das Abenteuer Balkan konnte beginnen.

Es begann, und wie es begann! Ich hatte in all der Aufregung gar nicht bemerkt, dass die Ferienzeit begonnen hatte. Also steckte ich kurz vor Regensburg in einem fürchterlichen Stau. Ich musste noch in Österreich übernachten, was meiner Reisekasse eine empfindliche Scharte zufügte. Der Überschuss schien plötzlich weit weniger groß zu sein. Aber ich wollte nach vorn sehen. Wenn es schon unvermeidlich war, dass ich an der Route pausieren musste, konnte ich die Zeit ebenso gut für einige Gespräche nutzen. Dann wäre die Zeit effektiv und vielleicht, ja vielleicht könnte man daraus einen Artikel machen, der das Defizit ausglich.

Die Wirtsleute waren wenig offen für ein Interview. Misstrauisch beäugten sie mein Aufnahmegerät. Dafür erzählte die Frau am Imbissstand mitten in den Bergen frei und offen von den Lastwagen, die täglich vorbeikamen, von den Männern, die den Kaffee bei ihr tranken, von ihren eigenen Sorgen, ihrer Angst allein in der Hütte. Schmugglerbanden interessierten sie allerdings nur insofern, als sie Ausländer hereinbrachten, die besser zu Hause geblieben wären.

Slowenien berauschte mich mit seinen herrlichen Bergen. Durch den Tunnel hindurch, auf einer holperigen Piste, die dennoch so etwas wie eine Autobahn darstellte, und weiterhin Berge, Berge. Ich bog von der geplanten Tour ab und landete wenig später an einem See, hineingegossen in die Landschaft. Unvorstellbar, dass Schlepperbanden an dieser Idylle vorbeizogen, Menschen litten. Ich saß lange am Ufer und ließ meine Beine im warmen Wasser baumeln. Auch diese Nacht schlug ein Loch in meine Kasse. Ich hatte gemeint, jenseits der Grenze der Union sei es billiger. Das war ganz offensichtlich ein Irrtum gewesen. Doch meine Wirtsleute nahmen mich nicht nur in das Zimmer auf, sondern gleichsam auch in ihr Herz. Wir redeten die halbe Nacht, und sie erzählten von Sorgen, Hoffnungen. Ein Land an der Schwelle der EU. Nicht arm, nicht reich, ein wunderbares Land mit einer reichen Vergangenheit. Am Morgen kochte mir die Wirtin Kaffee, umsorgte mich wie eine Mutter und schenkte mir ein silbernes Kettchen mit einem zarten Kreuz. So gesegnet begab ich mich auf den abenteuerlichsten Teil meiner Reise.

Ich beschloss, nun endlich voranzukommen und vor allem zu fahren. Wenn ich in Bulgarien landen wollte, konnte ich nicht alle paar Stunden von der Strecke abbiegen. Auch wenn es noch so lockte. Bisher hatte keiner etwas gesehen, keiner etwas gehört. Es war wohl sinnlos, die Leute zu befragen. Was sollten sie hier schon wissen, wo die Händler ihre Opfer in den Containern versteckten und verborgen weitertransportierten. Frauen, Männer, Kinder. Jeder Lastwagen schien mir auf einmal verdächtig. So schön die Landschaft war, die Bilder in meinem Kopf straften sie Lügen. Oder wenigstens der Halbwahrheit. Und alle sahen weg und schwiegen.

Ich schämte mich meiner selbst. Hatte ich nicht bisher auch weggesehen? Und hatte ich Jossel vielleicht so unsensibel behandelt, dass ihm nur die Flucht nach vorn, weg von mir blieb? Ich hätte ihn so vieles gern gefragt. Die Fahrt ließ mir reichlich Zeit nachzudenken. Im Blick auf Jossel und den Jungen mit den Sternenaugen war es wohl fast zu viel.

Der Balkan war größer, als ich ihn mir vorgestellt hatte. Die Strecke war mal schlecht, mal gut. Manchmal fuhr ich durch

die Berge, oft an ihnen entlang. Immer dachte ich, ich würde sicher nicht mehr zu lange unterwegs sein. Und immer wieder musste ich feststellen, dass der Weg schier endlos war.
Wusste ich eigentlich, wohin ich wollte? Jossel hatte auf seiner Route den Weg zur alten Zarenstadt eingezeichnet. War das auch mein Ziel? Veliko Tarnovo: am Fluss Jantra, 75 000 Einwohner, eine der schönsten Städte Bulgariens, las ich im Reiseführer. Die Zaren hatte ich bisher immer nur mit Russland verbunden. Ich schämte mich, wieder einmal. Der eingezeichnete Weg führte von Tarnovo aus direkt an die rumänische Grenze. Dort endeten Jossels Aufzeichnungen. Ich versuchte den Gedanken zu verdrängen, was dann sein würde.
Über meinen trüben Gedanken hätte ich beinahe den Abzweig verpasst. Nun ging es wieder hinauf in die Berge. Die Straßen waren schmal und ziemlich schlecht. Die Kurven beanspruchten meine Aufmerksamkeit. Es waren kaum 30 km noch, aber die Strecke zog sich endlos. Wie mochte der Junge den Weg überstanden haben? Mir war schlecht, von den Kurven, meinen Gedanken, meiner Angst vor dem Unbekannten. Endlich gab das Tal den Blick auf die alte Hauptstadt frei. Ich hätte es keine Minute länger ausgehalten.
Die Ansicht entschädigte mich für alle Strapazen. Veliko Tarnovo erstreckte sich über mehrere Hügel und fügte sich wie ein Amphitheater oder eine Terrassenfestung in die Landschaft ein. Die Stadt verschmolz fast mit den Bergen. Architektur und Gebirge kämpften nicht, sondern bildeten eine Einheit. Ich suchte mir den Weg zum Zentrum. Hier würde ich mindestens zwei Tage bleiben, ausspannen. Wenn Jos-

sel den Weg hierher eingezeichnet hatte, dann musste es hier ja auch etwas zu finden geben, einen Hinweis. Ich war fest entschlossen, ihn zu suchen. Aber zunächst brauchte ich ein preisgünstiges Quartier, das es mir erlauben würde, ein paar Tage zu bleiben. Bulgarien war nicht Slowenien. Ich fand recht schnell einen passenden und bezahlbaren Ort zum Schlafen. Müde ließ ich mich in das riesige Federbett fallen und verschob den Stadtrundgang auf den nächsten Tag.

Im Reiseführer stand, dass es hier echte Ikonenmaler gäbe, denen man bei der Arbeit zuschauen könne. Außerdem würden Tausende von Besuchern kommen, um die einzigartige Architektur zu bestaunen. Tausende von Besuchern gab es wohl eher an anderen Tagen. Obwohl Ferienzeit war, nutzten nur vergleichsweise wenige Besucher das schöne Wetter für einen Ausflug hierher. Ich lief eine alte Straße hinauf. Der Zarevez-Hügel grüßte mich, ich verneigte mich leicht vor seiner Ehrwürde und erstieg ihn. Der Aufstieg ließ mich schon am Morgen ins Schwitzen kommen. Auch in den Bergen war merklich Sommer. Auf dem Rückweg suchte ich mir eine andere Gasse aus. Wenn die Karte nicht trog, war ich jetzt irgendwo auf dem Trapezika-Hügel. Die Straßen der Altstadt umfingen mich eng und strahlten eine halbgepflegte Unordnung aus. Erstaunlicherweise fühlte ich mich wohl. Die Menschen waren freundlich. Die Sonne lachte. Wenige Touristen. Wäre da nicht dieses traurige Thema, der Junge mit den Sternenaugen und Frauen und Männer in Containerwagen, ich hätte mich wie im Urlaub gefühlt. Vielleicht. Und wenn Jossel da gewesen wäre. Es war schon erstaunlich, wie er mich innerlich begleitete. Ich folgte seiner

Fahrtanweisung, seiner Idee. Dabei kannte ich ihn kaum. Wer war er, dass er in mir ein solches Vertrauen auslöste?

In einer der Gassen entdeckte ich sie: die Ikonenmaler, Laden an Laden. Endlich. Ein bisschen ziellos wanderte ich von Werkstatt zu Werkstatt. Ich weiß nicht mehr, was ich suchte. Eine unbestimmte Ahnung. Irgendwann ließ ich mich auf einem der Schemel nieder und sah zu, wie das Bild reifte. Der Maler hatte geschickte, sichere Hände. Er arbeitete gerade an einem Engel. Das Gesicht, die Augen waren bereits fertig. Der Engel war Zeuge der Taufe Jesu. Aber er sah nicht Jesus, sondern blickte dem Betrachter direkt an. Er kam mir bekannt vor. Innerlich lachte ich über mich. Wie sollte mir ein Engel irgendwo in Bulgarien bekannt vorkommen? Es waren die Augen. Es waren, ja, es waren Sternenaugen. Wie bei diesem Jungen. Konnte es sein, dass der Maler den Jungen kannte? Oder zumindest gekannt hat?

Ich versuchte mit Händen und Füßen, ein bisschen Englisch, ein bisschen Französisch, ihm mein Anliegen deutlich zu machen. Er sah mich lächelnd an, nickte heftig. Er verstand mich. Ich jubelte.

Er hatte mich nicht verstanden, nicht ein Wort. Das merkte ich, als er plötzlich aufstand, die Werkstatt unvermittelt verließ und mit einem Mütterchen zurückkam. Sie sprach Deutsch: Ob ich die Ikone kaufen wolle? Sie sei aber noch nicht fertig und deshalb noch nicht zu kaufen. – Nein, ich wollte die Ikone nicht kaufen; ich wollte nur wissen, ob er für den Engel einen Menschen als Vorbild nutze und ob ich ihn treffen könnte. Sie schüttelte den Kopf. Ihre Antwort erinnerte mich daran, dass in Bulgarien »ja« und »nein« verkehrt sind. Ich hatte das fast vergessen. Heftiges Kopfschüt-

teln: Ja, er kenne einen Jungen, in den Bergen, dessen Augen würde er immer malen. Der Bruder sein gerade in der Stadt. Er könne mich sicher zur Familie begleiten. Sie würden ihn fragen. – Ob ich vielleicht in einer Bar warten solle? – Nein (heftiges Nicken), ich solle doch ruhig hier bleiben, bei ihnen, und einen Tee trinken.
Eine Spur, endlich eine wirkliche Spur. Vielleicht war ja der Junge längst wieder zu Hause, bei seinen Eltern. Das Mütterchen bat mich in ihr Wohnzimmer. Sie kochte den Tee, während ihr Sohn telefonierte. Ich wäre am liebsten jede Minute vor die Tür gegangen, wollte den Bruder des Jungen ankommen sehen.
Nach einer Stunde öffnete sich die Tür und herein kam – Jossel.

Ruben-Jossel, Jossel-Ruben

Ich starrte ihn an wie einen Geist. Mit allem hätte ich gerechnet, aber nicht mit ihm. Jossel schaute mich an, nickte mir freundlich zu. Als ob er mich erwartet hätte. Jossel! entfuhr es mir. Wenn die Wirtsleute bisher noch Zweifel hatten, jetzt wussten sie also, dass wir uns kannten. Ich ärgerte mich. Es wäre besser gewesen, das mit ihm allein zu klären.
Zu meiner Verwunderung fragte mich die Frau des Ikonenmalers: Sie kennen den kleinen Bruder? – Bruder? Nein, ich kenne nur Jossel, nicht seine Familie.
Sie war sichtlich verwirrt. Und Jossel lachte. Ich saß mitten in Bulgarien zwischen einer verwirrten Familie, einem lachenden Mann, den ich zu kennen meinte, und kam mir völlig deplatziert vor. Was ging hier vor sich? Jossel umarmte

den Ikonenmaler und seine Frau herzlich, nahm mich an der Hand und führte mich hinaus. Unfähig mich zu wehren, passte ich meinen Schritt dem seinen an. Er schob mich in sein Auto, schloss die Tür und fuhr los.
Erst als wir die Stadt bereits verlassen hatten, setzte mein Verstand wieder ein. Ich wollte aussteigen. Jossel war mir unheimlich. Oder besser: Die ganze Lage war mir unheimlich, wie er verschwinden und nun wieder auftauchen, wie ich in seinem Spiel ungewollt und ohne davon zu wissen eine Rolle übernehmen konnte. Ich hatte nur das eine Bedürfnis, in meinem selbstgeborgten Wagen so schnell als möglich diesen Ort und das Land zu verlassen. Jossel ließ den Wagen geistesgegenwärtig in eine Ausbuchtung rollen und hielt mich an den Schultern fest: Ich bin Ruben. Bitte, lass dir erklären, warum … – So, du bist also nicht Jossel! Und wer bist du dann? Du schleichst dich in mein Leben, gaukelst mir vor, dir läge etwas an meiner Arbeit und – …! Entwirfst große Pläne und verschwindest. Ich folge gutwillig deinen Plänen! Und dann, als ob nichts gewesen wäre, stehst du in der Tür, grinst und stellst fest, du seist Ruben nicht Jossel, und ich soll dir vertrauen. Wie stellst du dir das bitteschön vor? Morgen verschwindest du wieder und tauchst in drei Wochen wieder auf und bist dann vielleicht Mohammed und kommst aus Istanbul?!
Alle meine Enttäuschung, meine Sorgen, meine Verletzung und die zerstörte Hoffnung brachen aus mir heraus. Ich hätte ihn schlagen mögen. Jossel-Ruben senkte den Kopf. Du hast Recht. Ich hätte … vielleicht. Ich meine, wenn du wenigstens meinen echten Namen gewusst hättest. Aber. Wo soll ich anfangen. Ich wollte … Wirklich, das musst du mir glau-

ben! Es lag nicht in meiner Absicht, dich zu verletzen. Ich dachte nur …

Ich lehnte mich zurück, schloss die Augen. Sein Gestammel schien echt zu sein. Das tröstete mich. Ich bildete mir ein, ich hätte mich nicht in allem in ihm getäuscht: Fang einfach von vorn an zu erzählen, entgegnete ich matt. Ich höre zu.

Wo soll ich anfangen? Es ist sehr kompliziert. Eigentlich begann alles damit, dass mein Vater nach dem Tod meiner Mutter noch einmal heiratete. Wir sind zehn Brüder. Mein Vater ist Bauer. Und der Tod meiner Mutter brachte das ganze Gefüge gefährlich ins Wanken. Auf einmal war niemand mehr für uns da. Und keiner mehr fürs Haus und das Vieh. Es war einfach unmöglich, alles zu bewältigen. Da lernte mein Vater in Sofia eine junge Frau kennen und verliebte sich noch einmal auf seine alten Tage. Und sie wohl auch in ihn. Jedenfalls wurde geheiratet, und sie kam auf den Hof. Ich glaube schon, dass sie uns mochte, auf ihre Weise. Aber Vater war wie ausgewechselt. Als ob er unsere Mutter nie wirklich geliebt hatte. Ja, klar sie hatte diese Augen, Sternenaugen, wie du immer sagst. Ich floh vom Hof, machte eine Ausbildung in Sofia, wurde Kameramann und nahm dann an einem Austauschprogramm teil. Die Wende habe ich in der DDR erlebt. Ja, dann wurde es schwieriger für mich. Ich musste zurück, arbeitete in Sofia und fuhr jedes Wochenende nach Hause. Sofia war mir fremd geworden. Und was hatte ich denn sonst, außer meiner Familie? Meine Stiefmutter erwartete mittlerweile ihr erstes Kind. Mein Vater hat dieses Kind herbeigesehnt. Stell dir das vor! Ein Mann mit zehn Söhnen wünscht sich nichts mehr als noch ein Kind. Ja, und als Jossel dann da war, kam ich mir vor, als sei ich in ein schlechtes Märchen geraten: die Stiefmutter, der Vater und der wahre Sohn auf der einen und zehn Stiefsöhne auf der anderen Seite. Jossel war ihr Liebling. Er durfte faktisch alles. Wir machten die Arbeit, und er spielte. Das war am Anfang ja noch ganz in Ordnung, als er klein war. Aber dann hätte er uns sehr wohl zur Hand gehen können. Die Familie lebte schließlich von dem Geld, das wir alle erarbeiteten. Aber nein. Er bekam vom Vater tolle neue teure Kleider. Wir mussten dagegen sehn, wie wir durchkamen ... Natürlich waren die meisten schon erwachsen. Ungerecht war es dennoch. Jossel vorn und hinten. Seine Mutter blieb eine Fremde im Dorf. Sie war eben aus der Stadt, sie musste sich erst an das Leben auf dem Hof gewöhnen. Vielleicht liebte sie mein Vater darum um so mehr, ich weiß es nicht. Dann war wieder ein Kind unterwegs. Benni kam zur Welt. Das nahm ihr alle Kraft. Es war wohl einfach zu hart bei uns in den Bergen. Wenn bei euch ein Kind geboren wird, da hat man alle Hilfe zur Verfügung. Aber Benni wurde zu Hause entbunden, weitab, in den Bergen. Die Geburt dauerte zu lange, glaube ich. Vielleicht war sie auch zu schwach. Ich weiß es nicht. Sie starb kurz nach der Geburt. Mein Vater nahm eine Haushälterin und Pflegemutter ins Haus und verschloss sich ganz. Der Einzige, der noch Zugang zu ihm hatte, war Jossel, sein Jossel. Doch eines Abends beim Abendessen sagte Jossel plötzlich: »Denkt einmal, was ich geträumt habe: Da waren am Himmel der Mond und die Sonne und elf Sterne, und alle verneigten sich vor mir.« Da war er vielleicht neun oder zehn. Ist nicht so lange her. Kaum hatte er das gesagt, ein bisschen kindlich naiv, ein bisschen triumphierend, wies ihn Vater zurecht. Es war das erste Mal, dass ich das erlebt habe. Aber es war zu spät. Dieser Traum, der war so, als ob er einen Wall gebrochen hätte. Alles, was wir bis zu diesem Augenblick unterdrückt hatten, die Trauer, die Wut, zeigte sich. Natürlich nicht offen. Aber unter uns redeten wir sehr deutlich von dem, was uns bewegte. Wir wollten dem Kleinen einfach mal eins auswischen. Stell dir vor, er ist immerhin fünfundzwanzig Jahre jünger als ich! Wir waren alle der Meinung, dass er sich endlich darüber klar werden sollte, wo sein Platz unter uns Geschwistern ist. Er tat gerade so, als wäre er der Erstgeborene! Also schmiedeten wir einen Plan: Er hat oft am Nachmittag, nach der Schule sich um die Ziegen und die Schafe gekümmert. Kurzgefasst: Einer der Brüder hat ihn dort weggelockt, und dann haben wir ihn hoch in die Berge gebracht, in eine verlassene Hütte, wo wir manchmal übernachteten, und dort ans Bett gebunden. Und einer von uns hat immer auf ihn aufgepasst. Nach drei Tagen war Vater völlig aufgelöst. Ich wollte, dass wir das Spiel beenden. Da kamen die Männer ins Dorf. Ich weiß nicht, was sie in unsere abgelegene Gegend getrieben hat. Die Mädchen hier sind eher durchschnittlich hübsch, finde ich. Ich weiß auch nicht genau, was sie ihnen erzählt haben, wahrscheinlich das Übliche: Einen tollen Job in einer Bar oder Model in London oder was weiß ich. Und sie haben auch mit meinem Bruder Juda gesprochen. Schwestern haben wir keine. Also meinte Juda: Könnte doch unser kleiner, nerviger Bruder Babysitter in Deutschland werden. Und als ich kam und Jossel zum Vater zurückholen wollte, war er weg. Ich war entsetzt. Sie haben Vater tatsächlich erzählt, dass er beim Klettern in den Bergen von einem Bären angefallen worden wäre, und sein blutbefleckter Mantel wäre

alles, was sie von ihm gefunden hätten. Dabei war das nur rote Farbe ...
Seitdem redet mein Vater gar nicht mehr. Und ich habe begonnen, Jossel zu suchen, auch mit Hilfe der alten Kollegen von früher. Als du mit ihnen Kontakt aufnahmst, kamen sie auf die Idee, ein Gespräch mit dir könnte mir weiterhelfen, und haben mir deine Telefonnummer gegeben. Und als ich deine Stimme hörte, dachte ich an Jossel und daran, dass ich ihn finden muss. Und ich dachte, es wäre ein gutes Omen, unter seinem Namen zu leben.
Ich saß schweigend im Wagen: eine Deutsche, die ihre Reise mit dem Wissen geplant hat, dass sie im Südosten viel weniger bezahlen muss als im Norden und Westen Europas. Eine Frau, die alles bekommen hat, was das westliche Leben bietet: Ausbildung, Studium, Beruf, Wohnung, ein eigenständiges Auskommen. Auch wenn die Umsätze knapp waren, immerhin lebte ich davon - und besser als die meisten hier. Eine Frau, die nie wirklich etwas auszustehen hatte, deren Kinder mit großer Wahrscheinlichkeit, wenn sie denn welche haben würde, eine Schule besuchen, eine Ausbildung machen, ein eigenes, vergleichsweise sorgenfreies Leben würden führen können. Die Welt ist krank, wenn der Wohlstand bei uns zu solchem Leid hier führen kann, dachte ich und sagte es auch: Es kann nicht funktionieren, diese ganze Welt kann so nicht funktionieren. - Wie, bitte?, fragte mich Ruben verwirrt. - Stell dir vor, deine Tochter würde für den Traum, ein besseres Leben zu führen, in ein reiches Land ziehen. Und dann erwartet sie dort das, was wir recherchiert haben: ein Haus, das sie nicht verlassen darf, Freier, die sich alles erlauben können, die Angst, abgeschoben zu werden.

Sie hätte keine Möglichkeiten, ihre Recht einzufordern, denn sie hat sich strafbar gemacht, ob sie nun unwissentlich unter gefälschtem Namen lebt oder den falschen Grenzübergang benutzt hat. Und sie kann nicht zurück, denn sie ist Prostituierte gewesen. Der Traum vom guten Leben ist ausgeträumt. Und sollte sie erzählen, was sie weiß, wenn sie nicht vorher abgeschoben wird, trifft sie unter Umständen – bei uns oder hier – der lange Arm der organisierten Banden. Und irgendwo dort, in Deutschland ist Jossel und muss ihnen zu Diensten sein. Sie haben offensichtlich auch ganz gute Verwendung für Jungs … Ich sah Ruben an: Wir müssen Jossel finden, wo auch immer er ist!
Ruben nahm mich in den Arm. In mir stiegen Bilder auf, die ich gern weggeschoben hätte. Bilder, die ich nur aus Krimis kannte. Vielleicht existierten irgendwo im Internet oder bei privaten Händlern Aufnahmen von Jossel, Bilder die ich nie sehen wollte, von keinem Menschen. Aber vor allem nicht von diesem Kind. Der Junge, der offensichtlich die Schönheit seiner Mutter geerbt hatte, war eben damit gestraft: mit ihren wunderschönen Augen … Wir hielten uns aneinander fest. Er aus Hoffnung auf eine bessere Zukunft, ich aus Scham für ein schuldiges Europa. Es tat mir gut, diesen Augenblick mit ihm zu teilen. Seine Lügen waren unwichtig geworden. Ich konnte ihn verstehen. Auch wenn mir noch immer nicht klar war, warum er mich nicht auf seinem Weg mitgenommen hatte, warum er mich 1900 km allein hatte fahren lassen. Um mich zu prüfen? Um sich über sich selbst klar zu werden? Aber er hatte mich nicht einfach benutzt und belogen. Wir waren noch immer ein Team, dass eine Lösung suchte.

Ruben startete den Wagen: Wir lassen dein Auto erst einmal in Tarnovo stehen. Ich möchte gern, dass du meinen Vater kennenlernst. Und dann fahren wir zurück, auf dem kürzesten Weg, der möglich ist … Er lächelte, als er den Wagen durch die schmalen Straßen leitete. Das Lächeln machte ihn schön. Ich mochte es, wenn er so schön war.
Wusstest du übrigens, wie schwierig es ist, für euer Land ein Visum zu bekommen? Und dann endet es und man muss gehen, ohne Pardon. Er sah konzentriert auf die Straße, zu konzentriert. Ich wusste, dass es ihn verletzt hatte. Er fuhr fort: Das Touristenvisum läuft nach sechs Monaten ab, und dann musst du gehen. Du kannst nicht verlängern. Und ich habe kein Anrecht auf einen anderen Aufenthaltstitel: nicht verfolgt, keine Arbeit in Deutschland, kein Studium. Ich habe bis zuletzt gehofft, eine Lücke in den Gesetzen zu entdecken, ein Schlupfloch. Aber ich fand nichts. Also musste ich zurück. Deswegen also war er verschwunden. Und das Handy gehörte einem Freund, sagte er, die Wohnung auch. Auf Zeit geliehen, solange er nicht im Lande war. Es war schwierig genug, alles für seine Wohnung zu regeln, die er mir doch anvertraut hatte. Jetzt ist er wieder zurück, denke ich. Aber es wäre mir peinlich gewesen, sein Vertrauen und seine Gastfreundschaft zu missbrauchen …
Ich sah aus dem Fenster. Der Wald war hoch gewachsen. Die Bäume sahen gesund aus. Nur wenige Meter von der Straße rauschte ein Bach. Es schien eine heile Welt zu sein. Doch hinter der Fassade lauerte ein kompliziertes Leben, dessen Regeln ich kaum kannte. Es zu verstehen war so schwierig, wie sich auf das verdrehte Ja und Nein einzustellen.

Rubens Vater saß teilnahmslos am Fenster. Er starrte auf den üppigen Wald und schien mich gar nicht wahrzunehmen. Ein Geschlagener: Zwei Frauen waren ihm gestorben, und von einem seiner Kinder nahm er das auch an. Ob er wusste, dass es noch Hoffnung gab? Über sein Leid konnten den alten Mann auch die verbliebenen Söhne nicht hinwegtrösten. Ich verstand ihn in gewisser Weise, und zugleich war es so ungerecht.

Plötzlich wurde hinter uns stürmisch die Tür geöffnet. Ein Junge von etwa zehn Jahren flog in Rubens Arme. Hallo, Benni. Der Vater wandte den Kopf und sah mit einem Anflug von Lächeln auf seinen Jüngsten. Als ob er alles ist, was ihm vom Leben geblieben ist, dachte ich. Ruben versuchte mich vorzustellen: Vater, das ist Eva. Sie kommt aus Deutschland und besucht uns heute. Aber der Vater hörte nicht zu. Als Benni den Raum verließ, drehte er seinen Kopf wieder dem Wald zu und starrte unverwandt hinaus. Ruben nahm mich an der Hand. Leise und schweigend gingen wir zum Wagen. Auch auf dem Weg zurück wechselten wir kein Wort: Es war klar, dass wir Jossel finden wollten, nein, finden mussten.

Hoffnungen

Ruben zog in meine 40 qm mit ein. Das erwies sich als schwierig. Nicht nur, weil wir getrennte Bereiche brauchten. Zunächst einmal brauchte er ein Visum. Die Aufnahme Bulgariens in die EU lag fast greifbar vor uns. Aber noch war es nicht soweit. Und ob es dann unmittelbar leichter würde, von Bulgarien nach Deutschland einzureisen, blieb abzuwarten. In Sofia beantragten wir ein neues Visum: maximale Aufenthaltsdauer sechs Monate. Mit einigem Geschick konnten wir die Beamten überzeugen. Es war eine Galgenfrist. Ob verlängerbar, wussten wir nicht. Ich musste versichern, dass ich in der Lage wäre, für ihn zu sorgen. Ich unterschrieb und rechnete zugleich panisch in meinem Kopf die Ausgaben gegen die Einnahmen hoch. Da er ja nicht arbeiten durfte, blieb kaum etwas übrig. Trotzdem: Die erste Hürde war genommen.

Und es gelang uns, die Wohnung zwischen uns aufzuteilen. Die zweite Hürde, die sich als täglich neue Herausforderung erwies. Ruben war für diese Art Hürdenlauf weit besser trainiert als ich.

Mittlerweile war es Ende September. Streng genommen blieb uns für unsere Suche vermutlich die Zeit bis vor Weihnachten. Wir standen wieder am Anfang. Es war uns bekannt, wo Jossel in etwa über die Grenze gekommen war, wir vermuteten seine Weiterleitung an interessierte Kreise, fürchteten uns aber zugleich davor, irgendwo eine Photographie oder ein Video von ihm zu entdecken. Auch die Polizei, mit der wir zu reden begannen, machte nur wenig Hoffnung. Die Beamten waren freundlich und korrekt, aber wir waren nur ein Fall von vielen. Und wir suchten die Nadel im Heuhaufen.

Die Zeit verrann. Ich gewöhnte mich daran, am Abend nicht allein zu sein. Ruben begleitete mich auf meinen Recherchereisen für andere Projekte. Wir konnten sogar einen Beitrag ans Fernsehen verkaufen, unter meinem Namen natürlich. Je näher der Dezember rückte, umso unvorstellbarer war es mir, wieder allein mein altes Leben aufzunehmen. Es war Nähe entstanden, eine Nähe, die Ruben ohne Wenn und Aber mit Achtung füllte. Ich wollte ihn nicht mehr missen. Aber eine Verlängerung des Visums schien mir eher unwahrscheinlich. Man bekam als Bulgare in Deutschland nicht ohne Weiteres eine Aufenthaltserlaubnis. Und dafür gab es Gründe. Das Gefälle im Lebensstandard war wohl einer von ihnen. Ich verstand sie nicht und lehnte sie ab. So wie ich das Gefälle zwischen Bulgarien und Deutschland ablehnte. Und ebenso war ich den Realitäten hilflos ausgeliefert. Würde der Beitritt zur EU unser Leben erleichtern? Oder wäre es nur umso deutlicher, wie fern wir einander blieben?

An einem trüben Novembertag, ich war gerade im Bad, begann Ruben plötzlich wie irre zu schreien. Ich solle kommen, ich solle kommen, sofort. Halb angezogen stürzte ich aus dem Bad und befürchtete ein Unglück. Aber Ruben wies lediglich auf den Fernseher. Dort zeigten sie, wie Männer aus einer Wohnung abgeführt wurden. Ein weiterer Schlag gegen einen Zuhälter- und Menschenhändlerring in Hamburg, der Anfang des Jahres bereits einen ersten Erfolg aufweisen konnte. Warum Ruben so sicher war, dass dieser Hinweis uns helfen würde, weiß ich nicht. Vermutlich könnte er es heute selbst nicht mehr sagen.

Am nächsten Tag gingen wir mit unseren Bildern und den irren Hoffnungen zur Polizei, wieder einmal. Der Beamte hörte geduldig zu, ließ sich die Bilder geben, verschwand, kehrte zurück, bat uns im Flur zu warten. Ruben ging unruhig auf und ab. Ich überlegte plötzlich, wo um alles in der Welt ich ein drittes Bett aufstellen sollte. War das wichtig?

Es war wichtig. Wir wurden auf Staatskosten nach Hamburg gefahren. Die Beamten dort übernahmen uns und brachten uns zu einem Kinderheim. Ruben bat mich, allein hineingehen zu dürfen. Ich nickte. Ich wusste, er hätte es nicht ertragen, wenn ich Zeuge seiner Enttäuschung gewesen wäre. Dafür musste ich nun das Warten aushalten. Schließlich kam er mit einem jungen Mann von vielleicht 14 Jahren aus der Tür. Der Junge mit den Sternenaugen stand vor mir. Ich konnte es nicht fassen. Auch wenn die Augen einen traurigen Schimmer in sich trugen, war es doch der Junge, auf den ich gewartet hatte, den ich so gern kennenlernen wollte. Nein, es war kein Junge, vor mir stand ein Mann, noch jugendlich, aber geprägt von den letzten Monaten, die Zeit seines Lebens Spuren hinterlassen würden.

Ich lächelte vorsichtig und reichte ihm die Hand. Ruben ließ ihn nicht aus seinem Arm. Als ich Jossels Hand drückte, wurde mir bewusst, dass ein neuer Weg durch Ämter, ein neues Suchen nach Lebensmöglichkeiten, aber auch ein neues Abenteuer eben begann. Ich war mir sicher: Wir würde uns dem stellen.

Gehen wir nach Hause, sagte Ruben und lächelte. – Wo auch immer das liegen mag, Ruben … Ja, gehen wir nach Hause, antwortete ich.

Interview mit K. – Anmerkungen eines unschuldigen Beobachters

... du aber herrsche über sie.
1. Mose 4,7b

Ich habe es mir in meinem Sessel gemütlich gemacht. Vor mir ein Glas Wein, neben mir die Fernbedienung. Ich zappe ziellos durch die Kanäle. Die meisten Filme laufen schon. Auf einem der Kanäle, die ich selten anschaue, bleibe ich hängen. Sie haben, scheint es mir, zu früh zugeschaltet. Ein Mann tritt in den Schwenkbereich der Kamera. Vor ihm stehen zwei bequeme Sessel und dazwischen ein kleiner runder Tisch mit zwei Gläsern, einigen Papieren und einem Buch. Er wendet sich zu dem rechten Sessel, setzt sich kurz darauf, rückt ihn ein wenig weiter vom Tisch ab, bis er bequem und doch nicht zu weit weg sitzt. Eine Stimme sagt: »Es glänzt noch.« Eine junge Frau huscht von der Seite ins Bild. Sie bedeckt das Gesicht an einigen Stellen mit Puder. Dann verlässt sie den Bereich der Kamera. Der Mann prüft die Umgebung. Wieder ertönt eine Stimme: Beginn der Sendung in 10, 9, 8, 7, 6, 5, 4, 3, 2, 1 – Musik ertönt. Mit ruhelosen Händen fährt der Mann durch seine Papiere, versucht sie zu ordnen. Dann blickt er nach links. Sein Gesicht füllt das Bild mehr und mehr aus. Die Sendung beginnt:

P.: Es ist mir ein Vergnügen Sie an diesem wunderbaren Sommerabend im Sendegebiet bei »Die Texte schreibt das Leben« begrüßen zu dürfen! Wir haben heute Abend einen exklusiven Gast. Nur hier und bei uns. Seit mehreren Tagen beherrscht dieser Fall wie kein anderer die Nachrichten. Es geht um den spektakulärsten Mordfall der letzten Jahre. Aber war es ein Mord? Sehen Sie selbst, was bisher ermittelt werden konnte.

Der Mann senkt den Blick. Er ist für mich nicht mehr zu sehen. Stattdessen erfüllt Musik den Raum. Aus Tonfolgen ergeben sich bekannte Klänge, Tschaikowski. Ich mag Tschaikowski. Im Bild rennt ein Mann durch ein Labyrinth. Es wird immer enger. Ich spüre die Anspannung. Er hat Angst. Im Zentrum des Labyrinths wechselt das Bild: ein weites, abgeerntetes Kornfeld. Das Labyrinth verblasst. Am Rand des Feldes liegen große Steine. Die Töne aus Tschaikowskis Schwanensee werden lauter. Der Schwan stirbt. Tschaikowski berührt mich weit mehr als die Bilder, die mir gezeigt werden. Die Felsbrocken erinnern an Findlinge. Einer der Steine trägt dunkle Flecken. Je größer die Steine im Bild erscheinen, umso deutlicher werden sie. Das Bild zeigt noch einmal das gesamte Feld. Menschen in weißen Anzügen sichern es; ein Polizeibeamter winkt mit dem Arm. Das Bild schwankt und wird unklar. Dann erkennt man einen Feldweg, der zu einer Reihenhaussiedlung führt. Die Musik wird leiser. Ich überlege, ob ich nicht den Sender wechseln sollte. Ich mag diese Art Sendungen nicht. Aber ich sehe doch weiter zu. Eine weibliche Stimme sagt: »Bis vor wenigen Tagen lag das Dorf gleichsam am Rande des Universums. Hier kennt jeder jeden. Zwei Brüder lebten mit ihren Eltern auf einem der Höfe. Seit Tagen gilt der jüngere von ihnen als vermisst. Gestern wurde sein älterer Bruder unter Mordverdacht vorübergehend festgenommen und verhört.« Die Stimme schweigt. Sanfte Klänge lassen Ruhe, Frieden und Ordnung spürbar werden. Ein Mann geht die Straße zwischen den Häusern entlang. Am unteren Bildrand erscheint ein Mikrofon. Seine Stimme klingt unsicher, seine Augen suchen ein Gegenüber: »Ich kann das gar nicht verstehn! Wir warn wie eine Familie hier draußen, haben das alles mehr oder weniger gemeinsam aufgebaut. Da brauchte jeder einmal Hilfe. Und die Kinder haben hier gespielt. Die kenne ich noch, da waren sie so.« – Der Mann deutet mit seiner Hand die Größe eines kleinen Kindes an. Er dreht sich um und sieht auf einen der Höfe. Die weibliche Stimme erklingt: »Man nennt die Suche mittlerweile den Kain-und-Abel-Fall. Keiner kann mit Sicherheit sagen, was aus Abel geworden ist. Zunächst vermutete man, dass er beruflich unterwegs sei. Als aber auf dem Feld seines Bruders Blutspuren entdeckt wurden, mehrten sich die Zweifel. Eine Analyse bestätigte inzwischen, dass die fraglichen Spuren menschliches Blut sind. Eine DNA-Analyse ergab zudem Übereinstimmungen mit der DNA des Vermissten. Diese Erkenntnisse gaben Anlass zu Spekulationen: Liegt hier ein Fall vor, wie ihn der biblische Mythos beschreibt?« Ein Spielplatz mit Kindern wird gezeigt. Vor diesem Hintergrund liest ein Mann aus der Bibel: »Nach einiger Zeit brachte Kain dem Herrn ein Opfer von den Früchten des Feldes dar; auch Abel brachte eines dar von den Erstlingen seiner Herde und von ihren fettesten Tieren. Der Herr schaute auf Abel und sein Opfer, aber auf Kain und sein Opfer schaute er nicht. Da überlief es Kain heiß und sein Blick senkte sich. Der Herr sprach zu Kain: Warum überläuft es dich heiß, und warum senkt sich dein Blick? Nicht wahr, wenn du recht tust, darfst du aufblicken; wenn du nicht recht tust, lauert an der Tür die Sünde als Dämon. Auf dich hat sie es abgesehen, doch du werde Herr über sie! … Hierauf sagte Kain zu seinem Bruder Abel: ›Gehen wir aufs Feld!‹ Als sie auf dem Feld waren, griff Kain seinen Bruder Abel an und erschlug ihn.« Bei den letzten Worten wandelt sich das Bild unvermittelt. Statt der spielenden Kinder sieht man den Findling mit den dunklen Blutflecken. Eine weibliche Stimme sagt: Das Blut schreit zum Himmel.

Nein, die Kamera schreit zum Himmel, denke ich. Und doch möchte ich wissen, was der Moderator zu sagen hat. Wenn er etwas zu sagen hat. Er füllt das Bild aus, lächelt in die Kamera:

P.: Wir begrüßen heute Abend exklusiv und nur hier den Bruder des Vermissten. Aus verständlichen Gründen haben wir heute Abend die wahren Namen von Täter und Opfer geändert. Ich freue mich sehr, Ihnen Herrn Kain vorstellen zu dürfen.

Er hebt die Hand und weist zur linken Seite. Ein junger Mann kommt seitlich ins Bild. Er ist groß und kräftig gebaut. Seine Wangen sind rot und von der Sonne gebräunt. Er erinnert mich an alte Freunde, die auf dem Land leben. Er wirkt gesund und ausgeglichen. Dann aber lächelt er unsicher. Die ganze Situation ist ihm unheimlich. Er tut mir leid. Der Moderator erhebt sich leicht, gibt ihm die Hand, weist auf den Sessel ihm gegenüber. Die beiden setzen sich.

P.: Herr Kain, kennen Sie die biblische Geschichte?

K.: Ja, ich kenn schon einige Storys. Aber an sich bin ich kein großer Leser. Ich kenn nur so, was man eben auch sonst erzählt.

P.: Wie Sie wissen, nennt man Ihren Fall den »Kain-und-Abel-Fall«. Also nach einer biblischen Geschichte. Was sagen Sie dazu?

K.: Das ist doch Unsinn! Ich mein, die Geschichten in der Bibel, das sind so Märchen, die irgendwann mal irgendwer aufgeschrieben hat. Was hat das mit mir zu tun?

P.: Wie Sie in unserer Einleitung gesehen haben, gibt es eine ganze Reihe an Parallelen: Ihr Bruder verschwand spurlos. An einem Stein auf Ihrem Feld fand sich Blut, das – laut DNA-Analyse – zu 98 % das Blut ihres Bruders ist. Und: Sie hatten Streit, aber darauf kommen wir noch.

K.: Tja, wie das Blut an den Stein kommt, weiß ich nicht. Vielleicht war er mal da und hat sich gestoßen. Ich bin ja nun nicht ständig nur auf diesem Feld. Von einem Feld allein kann doch keiner mehr leben. Und da hinten gehen viele spazieren, mein Bruder sicher auch. Das nehme ich mal an. Wenn er da ist, kann er schon mal dort gewesen sein. Soll ich nun das Feld ständig überwachen, ob und wann da einer stürzt? Das ist doch absurd! Ich bin doch kein Detektivbüro! Ich bin Bauer!

P.: Nein, Herr Kain, wir verstehen voll und ganz, dass Sie sich gegen eine Festlegung wehr …

Herr Kain erhebt sich sichtlich erregt und fällt dem Moderator ins Wort:

K.: Festlegung? Was unterstellen Sie mir denn! Mein Bruder ist nicht da, ist nicht zu seiner Veranstaltung erschienen. O.k. Das kann doch tausend Gründe haben. Ich hab ja die Vermisstenanzeige selber aufgegeben. Da haben die mir gesagt: Bei Männern kommt sowas immer mal vor. Und die meisten tauchen irgendwann wieder auf. Die

Polizei geht gar nicht gleich auf die Suche, wenn einer seinen Mann oder seinen Bruder mal ein paar Stunden vermisst. Da müssen schon zwei, drei Tage vergehen. Und selbst dann tauchen die meisten so wieder auf. Ich hab die Geschichte, die sie da ansprechen, heut zum ersten Mal ganz gehört. Aber ich weiß wirklich nicht, was das mit mir zu tun hat. Soll ich Babysitter für meinen Bruder spielen oder was? Der Mann ist über 18!

P.: Interessant, dass sie gerade dieses Thema ansprechen. Gesetzt den Fall, Ihr Bruder ist durch Sie zu Tode gekommen, wofür als Indiz sein Blut an einem der Steine auf Ihrem Feld spricht, dann passt sich auch diese Aussage exakt in die biblische Geschichte ein.

Der Moderator nimmt das Buch vom Tisch.

P.: Dort führt Kain ein Gespräch mit Gott: »Da sprach der HERR zu Kain: Wo ist dein Bruder Abel? Er sprach: Ich weiß nicht; soll ich meines Bruders Hüter sein?« Finden Sie es nicht auch merkwürdig, dass wir gerade auf diesen Teil einer alten, mythologischen Geschichte stoßen?

Kain sieht irritiert nach rechts und links. Ich schüttle vor dem Fernseher den Kopf. Was soll das? Wieso legen sie ihn so fest! Woher wollen sie wissen, dass dieser, den sie Kain nennen, schuldig ist!

P.: Ich möchte noch etwas weiter gehen: Sie und Abel hatten einige Schwierigkeiten miteinander. Wir haben uns ein wenig umgehört. Ihre Bekannten sagen über Sie und Ihren Bruder, Zitat: Die konnten sich nie wirklich leiden. Der Abel war immer der sanfte, den die Eltern mehr liebten. Kain konnte da nicht mithalten. Ein anderer sagte: Kain war immer so ein bisschen grob. Richtig wie man sich einen Bauern aus den Bilderbüchern vorstellt: zupackend, aber derb in allem, in den Worten und sonst auch. Nicht dumm, aber grob eben. Abel hingegen war freundlich, und man konnte leicht mit ihm reden und scherzen. Er war immer witzig. Na, dass Kain das geärgert hat, das war schon immer deutlich. Abel war einfach beliebter. Und seit das Feld so wenig abwirft, ist das auch immer schlimmer geworden ... Zitatende. Was sagen Sie dazu? Das sind Aussagen von Menschen, die Sie beide kennen ...

Kain stützt den Kopf in die Hand. Er blickt versonnen vor sich hin. Was würde ich sagen?, denke ich auf einmal, wenn man mich nach meinem Bruder fragte. Auch wir sind sehr unterschiedlich. Auch er hat mehr Erfolg als ich. Sollte ich reagieren wie Kain? Aber ich liebe ihn doch, er ist mein Bruder. Unersetzlich. Ich könnte ihn nicht hassen, auch wenn er mir manchmal, auch als Erwachsener, sehr auf die Nerven geht.

K.: Wenn Sie fragen, wie mein Bruder war, tja, wie soll ich das sagen ... mein Bruder war schon ein freundlicher Mensch. Den mochten einfach alle. Stellen Sie sich den ... den ... ultimativen Glückspilz vor. ...

Kain sieht auf und nickt zu den eigenen Worten.

So einer war mein Bruder, wissen Sie. Ganz anders als ich. Ich musste mir mein Leben lang alles erarbeiten. Mir ist nie was zugefallen. Aber er zog durch die Lande und tat den ganzen Tag nichts weiter, als ein bisschen die Leute unterhalten. War ein Spaßvogel. Zwitscher, zwitscher und auf und davon ... Die Leute mögen sowas. Nur nicht zu ernst sein. Hat ja auch ganz gut verdient dabei.

P.: Sie reden von Ihrem Bruder in der Vergangenheit. Sie wissen also, dass er nicht zurückkommt? Es würde unser Publikum sehr interessieren, was Sie da so sicher macht. Können Sie uns kurz erzählen, was zwischen Ihnen vorgefallen ist?

K.: Was soll bitteschön *vorgefallen* sein!?

Ja, was soll vorgefallen sein! Der Moderator ist einfach furchtbar. Wie kann er den Mann denn so aufs Glatteis führen. Er hat nichts in der Hand! Kain ist mir viel sympathischer als sein Gesprächspartner. Selbst wenn Kain schuldig sein sollte. Aber das bezweifle ich.

P.: Herr Kain, Ihr Bruder ist seit Tagen verschwunden, sein Blut wurde auf Ihrem Feld entdeckt, an einer Stelle, an der man nie und nimmer suchen würde. Eine Ermittlungskommission überprüft alle Möglichkeiten. Wie viele mag es geben? Und Sie und Ihr Bruder hatten Schwierigkeiten miteinander …

K.: Ich habe nie abgestritten, dass wir Krach haben. Die Frage ist doch, ob man deshalb einen Menschen umbringt. Das Leben ist eben unfair. Fertig. Und zu mir war es das, definitiv. Jeder fragt nach meinem Bruder, nach dem netten Abel. Keiner, wirklich keiner fragt, wie es mir damit geht! So war es immer, immer! Ist doch egal, wenn der Kain auf der Strecke bleibt, wenn nur dem netten Abel nichts passiert. Ist doch egal, wenn der Kain nicht mehr mitkommt, wenn der keinen Kredit mehr bekommt, wenn der auf seinen Feldern ackert und kämpfen muss für einen minimalen Lohn. Alles gleichgültig. Es gibt ja noch den tollen Abel, der durch die Lande reist, mit Nichts ein Wahnsinnsgeld verdient,

Abel, den die Leute lieben! Würden Sie da ruhig zusehen? Und dann jetzt das. Also wissen Sie: Die Leute, die die Arbeit machen, die sich jeden Tag, jeden Tag unter härtesten Bedingungen durchsetzen müssen, die erhalten keine Preise. Man isst zwar das Brot aus meinem Korn, aber ansonsten werde ich bestenfalls bedauert, bestenfalls! Und so ein Luftikus wie mein Bruder, der mit ein paar netten Witzen die Leute unterhält, der kriegt einen Fernsehpreis nach dem anderen, der kann sich einen Urlaub in sonstwo leisten, fährt einen dicken Schlitten ... Muss ich das weiter fortsetzen? Ich halte das alles für krank. Das steht auf dem Kopf. Und deshalb, genau deshalb geht hier auch alles schief. Deshalb der Hass und der Neid und so. Die Bonzen und die paar erfolgreichen Künstler, die stecken das große Geld ein. Aber die paar, die das Ganze eigentlich finanzieren, die gehen leer aus. Und zwar immer. Macht Sie das nicht wütend?

Der Moderator sieht peinlich berührt nach unten. Er schweigt einige Sekunden. Im Grunde hat er Recht, denke ich. Es ist ungerecht. Aber wenn deswegen wirklich ein Mord geschehen ist? Neid ist ein starkes Gefühl. Wenn es nun alles zu beherrschen beginnt? Oder Eifersucht. Oder wenn die Eltern ihre eigenen Verletzungen nun auf Kain und Abel übertragen haben? Ein Kreislauf entsteht, und irgendwann weiß einer keinen anderen Rat mehr als zuzuschlagen.

P.: Herr Kain, das sind ja geradezu kommunistische Ansichten, die Sie da äußern!,

sagt der Moderator gerade, als ich wieder zuhöre.

K.: Ich weiß nicht, ob das kommunistisch ist. Ist mir auch egal … Ich wollte das jetzt nicht so hochspielen. Tut mir leid. War dumm. Spielt ja alles auch keine Rolle.

Wieder entsteht eine Pause. Kain starrt vor sich hin. Der Moderator fixiert einen Punkt auf dem Tisch. Ich spüre, dass ich Kain vor mir entschuldige. Für Abel kann man eh nichts mehr tun. Was würde Rache bewirken? Feststellen, dass es böse ist zu töten? Ja, aber das wusste er doch vorher. Wir alle wissen das, theoretisch. Es löst doch das Problem nicht. Aber Kain lebt noch. Er muss Verständnis finden. Und kein Mensch ist nur das, was er tut. Es muss doch auch in Kain einen anderen Anteil geben, wenn er denn schuldig sein sollte. Auch das ist ja nicht einmal erwiesen.

Der Moderator durchbricht die Stille:

P.: H-Chmm, Herr Kain, wie sind Ihre Pläne, was haben Sie weiter vor?

K.: Keine Ahnung. Erst einmal werden sie mich wohl weiter verhören. Und sie werden wohl rausfinden wollen, was mit Abel ist. Klar, das will ich natürlich auch. Solange kann ich gar nichts machen. Nur sehn, dass ich mich raushalte. Sowas wie heute, das mache ich eben nur einmal, damit die Leute meine Ansichten kennen, wissen Sie. Und dann will ich eigentlich in Ruhe gelassen werden … Ich habe nur Angst, dass das nicht so sein wird, dass mich Ihre Leute überallhin verfolgen werden. Dass man gar nicht mehr ruhig leben kann. Ist ja schon jetzt unerträglich mit den Kameras vorm Haus, den Anrufen. Da rufen Leute an, die ich gar nicht kenn, und beschimpfen mich …

P.: Ich kann nicht für die gesamte Presse sprechen, aber die

Zusage unseres Hauses und der angeschlossenen Anstalten gilt: Wir werden Sie nicht weiter belästigen.

Kain sieht ihn an und lächelt leicht, der Moderator nickt ihm aufmunternd zu.

P.: Ein anderes Thema: Ich habe einmal gelesen, jeder Täter hätte vor seiner Tat ein Gefühl der Einkehr, könnte noch zurück, sich anders entscheiden. Was halten Sie von solchen Überlegungen? Wir haben es auch am Anfang in der Geschichte gehört: Gott redet mit Kain, oder anders gesagt: Sein Gewissen meldet sich.

K.: Ich verstehe Sie nicht.

P.: Nun, ich meine die Stimme des Gewissens. In der alten Geschichte, damals, heißt es: »Der Herr sprach zu Kain: Warum überläuft es dich heiß und warum senkt sich dein Blick? Nicht wahr, wenn du recht tust, darfst du aufblicken; wenn du nicht recht tust, lauert an der Tür die Sünde als Dämon. Auf dich hat sie es abgesehen, doch du werde Herr über sie!«

Der Moderator blickt von der Bibel auf, sieht Kain sehr ernst an.

P.: In Zusammenhang mit Straftaten wäre es natürlich interessant, ob ein Mensch sich selbst Einhalt gebieten könnte oder ob, sagen wir es im Sinne der Geschichte, Gott ihn vor sich selbst warnen kann. Da Sie heute Abend unser Gast sind, wäre es natürlich interessant, aus erster Hand zu erfahren, ob es so etwas gibt und wie Sie das erlebt haben.

Das ist eine interessante Frage. Ja, ich kenne das von mir. Ahnungen, vage Gefühle. Und je nach Stimmung folge ich ihnen oder folge ihnen nicht. Und ich habe es auch schon erlebt, dass mir bewusst wurde: Wenn du das jetzt tust, dann wird dein ganzes Leben anders verlaufen, das ist nicht wieder zu revidieren. Damals habe ich es gelassen. Ich bin der Stimme gefolgt. Was mag Kain dazu denken? Er rutscht unruhig auf seinem Stuhl hin und her. Er möchte sprechen, scheint aber die richtigen Worte nicht zu finden, fährt sich durch die Haare. Seine Gesicht ist verzerrt vor Anspannung.

K.: Kann schon sein, dass es so etwas gibt. Ich meine, dass man einen eingeschlagenen Weg verlassen *könnte*. Das kann man doch immer, irgendwie, oder? Aber ob man auf eine innere Stimme hören würde, die einem Einhalt gebietet? Ich bin kein Studierter, das müssen die sagen. Ich stelle es mir schon als Ausnahmesituation vor. Ich mein, wenn man so hasst ... Hass, Neid, Eifersucht. Das ist so etwas Starkes ... Die Stimme des Gewissens ...

Kain schließt kurz die Augen.

K.: Ja, wenn man aufmerksam wäre, würde man wohl so eine Stimme hören. Ja. Kann schon sein. Aber ich weiß es nicht. Jedenfalls glaube ich, dass man in einer solchen Lage, wenn die Gefühle so stark sind, nicht mehr auf andere hört, nicht wirklich. Wie sollte man auch? Man redet dann doch nicht mehr. Mit niemandem. Nicht einmal mit sich selbst. Die Zeit dafür ist vorbei. Man muss was tun. Und ob das richtig war, weiß man erst hinterher.

P.: Wenn ich Sie recht verstehe, kennen Sie solche inneren Dialoge. Aber Sie konnten darauf nicht hören. Vage gesagt: Der Täter ignoriert die eigne Warnung, lockt sein Opfer mit Absicht an einen bestimmten Ort, in unserem Fall auf ein abgelegenes Feld. Es ist ihm also bewusst, dass er töten will. Vielleicht aus Verzweiflung, weil er es nicht mehr aushält, zurückgesetzt zu sein, weil er endlich unbelastet und unangefragt sein Leben genießen will. Und auch auf dem Feld bleibt er bei seinem Entschluss, alles auf eine Karte zu setzen. In diesem Fall liegt eine geplante Tötungsabsicht vor. Also geht es nicht mehr nur um Totschlag, sondern um Mord. Und hier unter uns, so scheint es mir, geht es auch um Mord, Herr Kain, um Mord aus Eifersucht, aus Neid, aus Verzweiflung, wie Sie wollen. Einer bekommt etwas geschenkt, Zuwendung, Lebendfreude, Liebe. Ein anderer geht leer aus. So ist das Leben, sagen die einen, und machen das Beste daraus. Die anderen halten es nicht aus, die verbittern, werden aggressiv; manche gegen sich selbst, manche gegen andere. Und dann geschieht das, worüber wir heute reden. Ein Mord.

Das ist ja wohl die Höhe. Wie kann er jetzt, vor laufender Kamera, so etwas behaupten! Das wäre, wenn überhaupt, Sache der Polizei. Kain fühlt so wie ich: Er springt auf und starrt den Moderator an.

K.: Ich habe mich für Ihr Interview anwerben lassen. Sie haben mir versprochen, dass Sie bei den Tatsachen bleiben werden! Sie haben versprochen, mein privates Leben zu respektieren! Und Sie … Sie … Sie treten Ihre Ideen vor Tausenden breit?

Genau das ist das Problem: Alles, was es an Chancen vielleicht gegeben hätte, ist verspielt. Jetzt wissen es alle oder meinen zu wissen. Sein Leben ist zerstört. Es ist egal, ob er schuldig oder unschuldig ist. Wir, die Zuschauer, werden immer an ihm zweifeln. Auch ich?

Kain sinkt auf den Stuhl zurück. Er ist blass. Die Kamera fährt nah an sein Gesicht heran. Man sieht die Adern am Kopf heftig pulsieren. Dann sieht man die Hände. Sie liegen ineinander verkrampft in seinem Schoß. Die Knöchel werden weiß.

K.: Sie werden mich lynchen. Vielleicht nicht meinen Körper, aber doch mein Leben. Ich habe keinen Ort mehr, an den ich zurückkehren könnte, keinen! Ich werde irgendwo neu anfangen müssen. Ihretwegen …

P.: Nun, nun, Herr K.! So schlimm wird's schon nicht werden! Immerhin leben wir in einem Rechtsstaat … Da gibt es keine Vorverurteilungen.

Kain scheint den Moderator nicht gehört zu haben. Er sieht weiter unbeweglich vor sich hin. Er redet mit sich selbst.

K.: Ich habe keinen Ort mehr, an dem ich leben könnte. Jetzt nicht mehr! Ich weiß auch nicht, was ich machen soll. So kann man doch nicht weiterleben.

Doch, denke ich, auch jetzt noch kann man einen neuen Anfang wagen. Eine Tat ist immer nur ein Teil des Lebens, wie schlimm sie auch sein mag. Sie bindet mich, aber in mir sind immer noch andere, neue, unentdeckte Möglichkeiten. Das muss doch auch für einen gelten, der so verzweifelt gehasst hat. Es ist nicht wieder gut zu machen. Aber vielleicht könnte man noch etwas anderes erleben als nur die Katastrophe.

Der Moderator beugt sich vor und versucht Kains Blick auf sich zu ziehen. Seine Stimme wird sanft, als ob er mit einem Kind spräche.

P.: Wir können ganz in Ruhe reden. Machen Sie sich keine Sorgen. Sie kennen die Zeugenschutzprogramme. Auch wir Sender können uns für Ihren Schutz einsetzen. Wäre es wirklich so, wie Sie sagen, und würde Ihre Aussage wichtig sein, gibt man Ihnen eine neue Identität, ein Zeichen, einen Raum zum Leben.

Kain starrt immer noch auf den Boden. Er steckt die Hand in die Tasche und entnimmt ihr ein kleines Päckchen. Der Moderator scheint es nicht zu bemerken. Er fährt fort, auf Kain einzureden. Ich folge gebannt den Bildern, die auf mich einströmen. Aber ich kann nichts tun, nichts als sehen.

P.: Sie werden neu anfangen. Da bin ich mir ganz sicher. Das wäre doch ein Anfang für Sie, oder nicht? Und … Sie kennen doch auch den Umgang mit der Presse: Die putscht ein wenig auf, und in zwei Wochen ist alles vergessen. Sie sollten das wirklich nicht ganz so wichtig nehmen, Herr Kain.

Kain greift nach dem Glas Wasser auf dem Tisch. Er schüttet sich den Inhalt des Päckchens in den Mund und trinkt Wasser nach. Die Augen des Moderators weiten sich. Er erhebt sich leicht aus dem Sessel und greift Kain an den Arm.

P.: Herr Kain? … Herr Kain? … Geht es Ihnen nicht gut?

Kain antwortet nicht. Seine Augen sind offensichtlich nicht mehr in der Lage, einen festen Punkt zu fixieren. Er beginnt zu schwanken, sagt plötzlich mechanisch:

K.: Ja … ja.

Und nickt dazu.

Der Moderator fährt mit dem Finger die Zeilen des biblischen Textes auf seinem Schoß ab.

P.: Sehen Sie, in dem Text da heißt es: »Und der Herr machte ein Zeichen an Kain, dass ihn niemand erschlüge, der ihn fände.« … und dann weiter: »Und Kain wohnte im

Lande Nod, jenseits von Eden«. – Gott sorgt sogar für den Täter, Herr Kain. Auch der darf leben. Mit der Schuld, sicher, aber leben unter einem besonderen Schutzzeichen. So wird es jedenfalls immer verstanden. Kain durfte keiner anrühren, sonst wäre Gott selbst eingeschritten. Hören Sie, Herr Kain, es darf Sie ja gar keiner anrühren!

Ich stütze meinen Kopf in die Hände. Gott als Anwalt Abels. Und Gott als Verteidiger Kains. Beides in einem. Welcher Mensch hielte so eine Spannung aus? Aber Kain hört die Worte offensichtlich nicht. Der Moderator erhebt sich, geht um den Tisch. Er legt seine Hand auf Kains Arm. Als er nicht reagiert, fasst er mit beiden Händen dessen Schultern und schüttelt ihn.

P.: Herr Kain? Hallo, hören Sie mich? Was ist mit Ihnen?

Er dreht sich hektisch nach rechts und links, winkt.

P.: Geht es Ihnen nicht gut, Herr Kain? So sagen Sie doch etwas!

Dann lässt er Kain sinken, wendet sich der Kamera zu und verdeckt, so gut es geht, den leblosen Körper.

P.: Unvorhergesehene Ereignisse erfordern neue Maßnahmen. Liebe Zuschauer, auch wenn dies ein Ende ist, wie es keiner erwarten konnte, so hoffe ich doch, dass Sie auch beim nächsten Mal wieder einschalten, wenn es heißt: »Die Texte schreibt das Leben«.

Der Moderator lächelt ein wenig bemüht in die Kamera. Wendet sich dann zu Kain um. Eine junge Frau läuft von der Seite ins Bild. Ein Sanitäter folgt ihr. Der Moderator sieht noch einmal zur Kamera und entdeckt das noch blinkende Licht.

P.: Regie?! Musik! Und schalten Sie doch endlich die Verbindung ab!

Eine Landschaft erscheint, untermalt von Musik aus Joseph Haydns »Frühling«, Schafe weiden friedlich an einem Fluss, die Sonne scheint, ein Hirte liegt am Rand der Wiese, leicht aufgestützt, und schaut zufrieden den Schafen zu. Im unteren Bildschirmrand erscheint ein Schriftzug: Gleich geht es weiter.

Ja, gleich geht es weiter, denke ich. Nur wie es weitergehen wird, das ist noch offen.

Nabot

Der Herr bewahre mich davor,
dass ich dir das Erbe meiner Väter überlasse.
1. Könige 21,3

1

Die Ebene breitete sich weit vor seinen Augen aus. Nur ab und an unterbrachen ein paar Bäume die Sicht, bevor ein grünes Band den Horizont abschloss. Dort begannen die Berge, ging die Savanne in einen lichten Wald über. Etwa eine halbe Stunde Fußweg lag noch vor ihm. Zu wenig für die Gedanken, die ihn bewegten. Die Frage nach dem geheimnisvollen Ruf, dem er folgte, würde bis zum Ziel ohne Antwort bleiben. Was er bedeutete, war kaum zu erahnen. Immer, wenn er meinte zu verstehen, entzog sich ihm die Lösung. Durch die sirrende Stille des heißen Tages klang eine Trommel. Und irgendwer sang. Elia beschleunigte seinen Schritt. Eine innere Unruhe trieb ihn voran. Über dem Hügel kreisten Geier. Sie schienen auf etwas zu warten. Das Ende des Gesangs? Dass der Mensch sich entfernte? Dass er starb?
Schritt um Schritt näherte sich Elia der Anhöhe. Die Bäume nahmen klarere Gestalt an. Trotz der flirrenden Hitze bedeckte kaum Schweiß seine Haut, aber er spürte die Anstrengung bei jedem Atemzug. Im Schatten ging es sich leichter. Er raffte sein langes Gewand und stieg den Hügel hinan. Auf der Höhe betrat er eine Lichtung. Sie war leer. Das Gras lag an den Boden gedrückt. Zweifellos war noch

vor Kurzem eine größere Anzahl von Menschen hier gewesen. Sie hatten auf Decken gelagert. Und sie hatten gegessen. Da und dort fanden sich Knochen am Boden. Es hatte Fleisch gegeben. Ein Festessen. Elia bückte sich und strich über das niedergedrückte Gras. Was war geschehen? Warum war keiner mehr hier? Das Festessen konnte nur wenige Stunden her sein. Sie hatten den Festplatz des Dorfes ungewöhnlich schnell verlassen. Warum?
Noch immer tönten die Trommel und der klagende Gesang durch die Luft. Elia folgte dem Klang. Auf der anderen Seite des Hügels saß ein alter Mann. Seine weißen Haare schimmerten in der Sonne. Der dunkle Rücken war von kleinen Schweißtropfen bedeckt. Er schien Elia nicht bemerkt zu haben. Oder wenn, so ließ er sich nicht von seiner Klage abhalten. Die Finger glitten leicht über das Fell der Trommel. Der Klang der Stimme schnitt wie Messer in die Seele.
Wenige Meter entfernt war eine weitere Gestalt zu sehen. Sie schien auf dem Boden zu knien. Ihr Kopf war in unnatürlicher Haltung nach vorn geneigt. Elia ging auf sie zu. Unvermittelt blieb er stehen und sog die Luft hörbar ein: Der Mensch war bis zur Hüfte in den Boden eingegraben, seine Kleider zerrissen und blutig, die Hände in den harten Boden gekrampft. Elia hockte sich zu ihm. Behutsam hob er den Kopf an. Leere Augen starrten ins Irgendwo. Der Mann war tot. An der Schläfe klaffte ein tiefes Loch. Irgendeiner hatte Mitleid mit ihm gehabt, einen Stein direkt an die Schläfe geworfen und das Leiden beendet. Elia schloss die Augen. Die Gefühle drohten ihn zu überwältigen, aber er musste jetzt einen klaren Kopf behalten.

Der Seher wandte sich kurz zu dem Sänger. Aber der ließ sich nicht stören. So begann Elia allein die Steine um den Körper zu entfernen und zog den Toten heraus. Er legte ihn auf die Erde. Über ihnen kreisten noch immer die Geier. Einige ließen sich bereits auf den Bäumen nieder. Elia sah sich nach etwas um, das ihm helfen könnte, die Erde aufzubrechen. Aber da war nichts. Nichts als dürres Gras, Steine und Bäume. Er war gezwungen, den Toten unter Steinen zu bestatten. Elia zog den leblosen Körper unter Aufbietung aller seiner Kräfte bis an den Saum der Bäume. Die Geier legten die Köpfe schief, sahen seinem Treiben interessiert zu. Als ob ich ihnen den Tisch decke, dachte Elia. Aber den Gefallen werde ich euch nicht tun. Er begann Steine in seinem Gewand zu sammeln, brachte sie neben den Toten und suchte weiter. Es schienen Stunden zu vergehen, bis er endlich so viele Steine zusammen hatte, dass der Körper völlig bedeckt war.
Während der ganzen Zeit hatte der Sänger seine Klage nicht unterbrochen. Elia setzte sich zu ihm und fiel in den Gesang ein. Nach einiger Zeit verstummten sie und sahen schweigend über das Land vor sich. Vor Elias innerem Auge formten sich Bilder der Erinnerung. In ungeordneter Folge zogen sie vorbei: Nabot legt ihm vertrauensvoll ein zierliches Mädchen in die Arme. Sein jugendlicher Freund besucht ihn. Er will das Land verlassen und in Europa studieren. Nabot bittet ihn darum, seine Ehe zu segnen. Nabot. Sein Freund Nabot. Der nun tot unter einem Haufen Steine liegt.
Elia sah nach rechts auf den Weg zum Dorf, vielleicht fünf Kilometer, für einen guten Läufer in einer Dreiviertelstunde locker zu bewältigen. Dort musste die Lösung für seine Fra-

gen zu finden sein. Auf der linken Seite setzte sich der lichte Wald fort, führte der Weg weiter zum Fluss und den Feldern des Dorfes. Zwei Stunden vom Dorf entfernt. Elia kannte die Wege gut, war sie oft genug gegangen.

»Was ist geschehen?« durchbrach er schließlich das Schweigen. »Es war ein Fest, ein großes Fest zu Nabots Ehren, Seher.« – »Ein Fest zu Ehren Nabots? Und nun ist er tot?« – »Ja, nun ist er tot. Und auch du, Seher, hast es nicht verhindern können.« Wieder schwiegen sie. Elia suchte den Blick des Alten. Aber der sah an ihm vorbei. »Die Schakale finden immer einen Weg zu fressen.« Er erhob sich. Dann sah er auf Elia: »Aber auch der Storch weiß um sein Nest und um seine Zeit.« Dann nahm er die Trommel auf und wandte sich dem Dorf zu. Elia blieb allein zurück. Selbst die Geier verließen ihn, enttäuscht, dass er sie um ihre Mahlzeit gebracht hatte. Er sah über die Ebene und sah doch nichts. Vor seinem inneren Auge erstanden andere Bilder: Nabot, wie er ihn nach seiner Rückkehr aus Europa in sein Haus bat. Das Haus war klein und rund, aber es atmete etwas von der großen weiten Welt. Nabots Frau hatte ihn ehrerbietig empfangen. Sie war eine Fremde im Dorf, aber sie ehrte die alten Sitten. Den ganzen Abend hatte Nabot von seinen Plänen erzählt. Er wusste, wie man Felder bewässerte und Brunnen grub. Er konnte mit den Europäern verhandeln. Er sprach ihre Sprache, er las ihre Bücher. Das Dorf würde von seiner Rückkehr profitieren. Nabot sollte Recht behalten: Es ging ihnen vielleicht nicht eben gut, aber es ging ihnen viel besser als noch vor Jahren. Jetzt hatte jeder zwei Mahlzeiten am Tag. Nabots Tochter unterrichtete in der Schule. Sie konnte Lesen und Schreiben und brachte es den Kindern

bei. Sicher, es ging ihnen besser, seit Nabot zurückgekehrt war. Aber nicht allen gefiel das. Nabot brachte auch das Denken der Europäer mit ins Dorf. Und eine fremde Frau.
Nur an einer Stelle war der Freund unverbesserlich traditionell geblieben, erstaunlich bei allem, was er veränderte: Er hatte darauf bestanden, dass die Felder des Dorfes der Gemeinschaft dienten, wie immer. Das Erbe der Väter müsse in ihnen geehrt werden. Und er hätte sich eher erschlagen lassen, als auch nur einen Zipfel der Felder einem Fremden anzuvertrauen. Ubuntu nannte er das. Ein Wort aus einer anderen Sprache Afrikas. Die Gemeinschaft darf nicht zerstört werden. – Nabot hatte sich zweifellos Feinde geschaffen, nicht nur im Dorf. Vermutlich hielten sich Freund und Feind in etwa die Waage. Die einen waren dankbar für das, was er zu verändern wusste, die anderen verurteilten seinen Lebensstil. Alles war irgendwie im Lot geblieben – bis heute.
Elia erhob sich. Wer waren die Schakale? Und welches Nest der Störche meinte der Alte? Er würde es herausfinden. Er wusste, der Sänger hatte ihm gesagt, was zu sagen war. Mehr würde er von ihm nicht erfahren. Aber im Dorf waren neue Informationen zu finden. Ohne sich noch einmal umzusehen, folgte Elia dem Weg des Sängers.

2

Das Dorf lag wie ausgestorben vor Elia, völlig natürlich in der späten Mittagshitze. Bald würde sich die Straße wieder beleben. Nabots Haus stand als erstes am Weg. Elia betrat das niedrige, runde Gebäude. Es war aus gestampftem Lehm und Holz wie alle Häuser des Dorfes.

Neben der kalten Feuerstelle saß Nabots Tochter mit starrem Gesicht. Sie sah ihm direkt in die Augen. Aber nichts an ihr verriet, dass sie ihn erkannte. Elia ließ sich ihr gegenüber nieder. Gerade so, dass sie nicht gegen das durch die Tür fallende Licht sehen musste, wenn sie ihn ansah. Jede Bewegung, schien es Elia, könnte sie gefährden. Vielleicht würde sie dann zerbrechen, einfach so, mitten durch?

»Ich war nicht dabei«, sagte sie ohne Einleitung. Durch die Ritzen des Vorhangs blitzte die Sonne und bildete einen grotesken Kontrast zu ihren Worten. »Der Chief hat zum Fest geladen …, zu Ehren des Vaters. Sie sind gekommen …, alle. Aber dann: Vater hätte uns an *sie* verraten, schrie einer. Er würde dem Dorf keine bessere Zukunft gönnen. Er würde sie nur für sich selber wollen, ein anderer. Er hätte doch die Gemeinschaft und das Erbe der Ahnen beschworen! Er! Nun sei er der Verräter. Am Dorf und den Ahnen. Der Chief hat sich erhoben. Er hat den Vater angesehen: Verrat, Hochverrat. Und auf einmal waren alle still. Ich wollte ihn verteidigen, ich wollte dazwischen gehen, aber sie haben mich weggezogen. Mich und Mutter. Sie sagten, es würde jetzt einen Prozess geben. Da könnten die Frauen nicht dabei sein. …« Sie senkte den Kopf. »Vater hätte das nicht zugelassen. Wenn ein Prozess gewesen wäre, dann hätte er die

Frau dabei sein lassen, bei ihrem Mann. Aber auf einmal war ein Tumult, sie haben uns ins Dorf gezerrt, geschrien. Dann haben wir gewartet. Sie kamen zurück und schwiegen. Da wussten wir: Es ist vorbei.«
Elia nahm einen runden Stein von der Erde auf und drehte ihn langsam in den Händen. »Wer ist der Schakal?« Zum ersten Mal wandte die Tochter ihm den Blick zu. Sie wirkte wie erwacht: »Der Schakal? Ich kenne keinen, keinen, der so genannt wird.« – »Was hat dein Vater gemacht in den letzten Tagen? War er hier, war er unterwegs?« – »Vater war in den letzten Tagen in der Stadt. Er war sehr aufgewühlt. Aber er hat nicht darüber gesprochen, nicht mit mir.« – »Ich werde den Schakal finden, das verspreche ich dir.« Elia erhob sich. »Und wo ist deine Mutter?« – »Sie ist auf dem Weg in die Stadt. Sie sucht einen Grund für die Anklage. Wenn jemand etwas in Erfahrung bringen, ihr helfen kann, dann einer der Freunde aus der Stadt.« Elia atmete ein, als wollte er sprechen. Doch sie kam seiner Frage zuvor. »Sie wollte allein gehen.« Elia nickte ihr zu, dann trat er aus der Hütte. Wer war der Schakal? War er hier, oder kam er aus der Stadt? Wenn der Storch sein Nest findet: Woran orientiert er sich? Er weiß den Weg ohne Wissen. Instinkt. Was sagt dein Instinkt, Elia?
Ohne nachzudenken wandte sich Elia zur Mitte des Dorfes. Kinder rannten auf ihn zu. Einige ergriffen vertrauensvoll seine Hand. Er lächelte. Eigentlich war alles so, als wäre nichts geschehen … Fast alles. Hinter seinem Rücken war ein Hügel mit einem Toten; hinter seinem Rücken war eine Hütte mit einer Frau, die ohne Tränen ins Leere starrte.
Elia ging zielsicher auf das einzige feste Haus des Dorfes zu. Die Kinder wichen unwillkürlich zurück. Das Haus wirkte,

gemessen an den Hütten, die es umgaben, wie ein Palast. Ein gut gesicherter Palast. Am Tor stand ein junger Mann mit Gewehr. Er musterte Elia kritisch, hielt ihn aber nicht auf. Alle kannten ihn, auch er. Keiner würde es wagen, sich einem Seher entgegenzustellen. Er betrat den schattigen Gang hinter dem Tor. Vor seinen Augen, in der Mitte des Hofes plätscherte in der Sonne ein künstlicher Springbrunnen. Elia schloss die Augen. Übelkeit stieg in ihm auf wie immer, wenn er den Brunnen sah. Alle Frauen des Dorfes liefen vor Tag Stunden, um auf ihren Köpfen das Wasser in Krügen ins Dorf zu tragen. Hier aber plätscherte ein Springbrunnen munter vor sich hin, gespeist aus einer unsichtbaren Quelle. Er hasste dieses Haus. Vermutlich würde kein Stein auf dem anderen bleiben, stünde nicht eine Wache vor dem Tor, säßen nicht in einigen der Räume schwer bewaffnete Brüder des Chiefs, lagerte nicht hinter dem Haus eine Gruppe von Soldaten.

Rechts und links führte der Gang um den Hof herum. Das Haus beherbergte zehn Räume. Die beiden größten lagen an der Stirnseite des Hauses, Elia direkt gegenüber. Der Seher wandte sich nach rechts. Er kannte den Weg zum Büro. An jeder Tür flankierten Wachen den Weg. Man ließ ihn ungehindert gehen. Der Bewaffnete am Büro öffnete wortlos die Tür, bevor Elia sie erreicht hatte. Er durfte eintreten.

Der Raum war nach europäischem Vorbild eingerichtet: ein schwerer Schreibtisch, Photos an den Wänden, ein Bücherschrank, daneben ein Sofa und zwei bequeme Sessel, ein Teppich auf dem gewachsten Dielenboden. Elia hatte einige Male Europäer in der Stadt besucht. Manche besaßen wesentlich weniger. Die, die er Freunde nannte, waren nicht da, um zu besitzen, sie waren da um der Menschen willen. Warum war der Chief da? Diese Frage stellte sich Elia plötzlich. Er kannte den Chief noch als kleinen Jungen. Jetzt war er ein Mann von dreißig Jahren. Hochgewachsen, krauses, kurzes Haar. Klug, sympathisch, freundlich, verbindlich – und hart. Warum war er im Dorf geblieben? Hätte er nicht anderswo Erfolg haben können, bei seinen Begabungen … Vor einiger Zeit hatte er die Macht im Dorf an sich gerissen. Mittlerweile war er mehr oder weniger von allen akzeptiert. Seit er herrschte, wagten sich kaum noch bewaffnete Banden in das Dorf, gehörte die Ernte ihnen. Vielleicht auch ein Grund für die zwei Mahlzeiten des Tages? Was er sonst trieb, danach fragte keiner.

Der Chief erhob sich von seinem Platz hinter dem Schreibtisch. Verbindlich wie immer kam er Elia entgegen: »Du musst hungrig sein. Setz dich, iss.« Tatsächlich spürte Elia Hunger. Er hatte seit dem Morgen nichts mehr gegessen. Jetzt neigte sich die Sonne dem Abend entgegen. Der Chief wandte sich zum Schreibtisch zurück, drückte einen der Knöpfe an seinem Telefon. Wenig später öffnete sich die Tür, und eine Frau in europäischer Kleidung trat ein. Sie knickste leicht vor dem Chief und stellte einen Teller mit belegten Broten, eine Karaffe Wasser und zwei Gläser auf den Tisch neben dem Bücherschrank. Der Chief nickte Elia zu, machte eine einladende Handbewegung, und sie setzten sich. Das Mädchen zog sich nach einem weiteren Knicks zurück. Sie aßen schweigend.

Erst dann eröffnete der Chief das Gespräch: »Es ist mir eine Ehre, dass du mich aufsuchst, Elia. Aber du wirst kaum nur zum Abendessen zu mir gekommen sein. Was willst du?« Als er den Gast ansah, traf diesen der Blick einer lauernden Hyäne. Jedes Wort könnte mein letztes sein, dachte Elia. Laut sagte er: »Du weißt, warum ich hier bin.« – »Wegen Nabot? Ein bedauerlicher Zwischenfall. Aber das ist ja geklärt.« – »Geklärt?« – »Nun, gerade du als sein Freund müsstest doch um die Entscheidung der Ältesten wissen, oder? Nabot hat sich als Wolf im Schafspelz erwiesen. Er hat uns verraten – auch dich! Und die Versammlung hat ihm die Rechnung präsentiert.« – »Ich kenne das Ergebnis, aber nicht die Voraussetzungen. Was hat Nabot denn genau getan?« – »Genau, ja?« – der Chief lehnte sich zurück und legte die Hände aneinander – »Ganz genau weiß ich das nicht. Ich habe weder die Anklage vorgebracht noch die Verhandlung geführt. Ich kann dir auch nur erzählen, was ich gehört und gesehen habe. Nabot hat sich wohl gegen den Verkauf der Felder gewandt – zu seinem eigenen Vorteil wohlgemerkt. Die Ältesten warfen ihm vor, dass er sich dabei den größten Kuchen sichern wollte.« Der Chief nahm eine Serviette vom Tisch und betupfte sich leicht die Lippen. Dann lehnte er sich wieder zurück und fuhr fort. »Immerhin ist der beste Teil des Feldes sein Eigentum! Wenn die Felder nicht verkauft werden, bleibt hier alles beim Alten. Und früher oder später hat Nabot das Dorf in seiner Hand. Das kann keiner wollen, dass einer, der mit den Eindringlingen aus Europa unter einer Decke steckt, das Sagen im Dorf hat! Er wird reicher und reicher, und wir alle hier leben weiter so wie im Mittelalter! Für so eine Haltung gibt es nur ein Wort: Verrat, Hochverrat. Und nur ein Urteil: den Tod.« Elia sah sich um. Die gediegene Einrichtung erinnerte in nichts an das Mittelalter. Dann doch eher Nabots Hütte

am Rande des Dorfes und all die anderen Hütten, in denen es weder Wasser noch Strom gab, kein Telefon und schon gar keinen privaten Brunnen.
»Wer ist eigentlich der Schakal?« Für den Bruchteil einer Sekunde flackerte Angst in den Augen des Chief. Ins Schwarze getroffen. Der Schakal war kein Mythos, er existierte und hatte so viel Macht, selbst dem Chief Angst einzujagen. Vielleicht war er wirklich der Dreh- und Angelpunkt der Anklage gegen Nabot?
Der Chief stand auf und wandte sich dem Fenster zu. »Ich kenne keinen Menschen, der so heißt«, sagte er mit belegter Stimme. Dann drehte er sich um. Die Augen waren wieder kalt und hart. Der Chief hatte sich wieder im Griff: »Noch etwas, weil ich es gut meine mit dir: Du bist der Seher. Die Ältesten würden dich nur ungern verlieren, dich und deinen kleinen Gottes-Hokuspokus. Das mag dich eine Weile schützen. Aber ich warne dich. Treib es nicht zu weit.«
Damit war Elia entlassen. Auf Knopfdruck erschien die Wache und brachte ihn bis zur Tür. Draußen ging der Tag in einen schnellen Abend über. Elia beeilte sich, das Haus hinter sich zu lassen. Er wandte sich wieder der Hütte Nabots zu. Wenn alles gut gegangen war, könnte seine Witwe aus der Stadt zurück sein.

3

Als er das Häuschen erreichte, flackerten Flammen in der Feuerstelle. Nabots Witwe hatte Tee bereitet und röstete Bananen auf einem Blech. Die Tochter knetete den Teig für das Brot. Sie hatten ihn ganz offensichtlich erwartet. Schweigend setzte sich Elia an die Wand und sah den Frauen zu. Es war erstaunlich, dass sie an diesem Abend allein waren. Normalerweise wäre jetzt wohl das ganze Dorf versammelt gewesen. Hatten die anderen Angst? Oder war Nabots Vergehen so schwer, dass sie nun auch die Witwe vertreiben wollten? Die Frauen sahen nicht auf, bis sie ihre Arbeit beendet hatten. Sie breiteten eine Decke aus und legten die Speisen darauf. Da kein Mann mehr dem Haus vorstand, bat die Witwe ihn, den Segen zu sprechen, und sie aßen gemeinsam. Mit niedergeschlagenen Augen, wie um seinen Blick nicht aushalten zu müssen, begann Nabots Frau zu erzählen: »Ich habe nichts erreicht, nicht viel jedenfalls. Sie wollen die Felder verkaufen. Ich war bei einem Anwalt, einem Freund Nabots. Theoretisch, sagt er, können sie die Felder nicht ohne mein Einverständnis veräußern. Praktisch spielt meine Meinung keine Rolle. Seine Unterschrift war die letzte, die auf der Urkunde fehlte. Ich weiß nicht, an wen sie verkaufen wollen. Ich weiß nicht warum. Aber er muss sehr mächtig sein. Der Anwalt hat mich gewarnt. Sie werden vor nichts zurückschrecken, sagt er. Wir werden morgen früh unsere Sachen packen und verschwinden. Er hat mich in das Haus seiner Familie eingeladen. In der Stadt gäbe es immerhin eine gewisse Sicherheit.« – »Hat er etwas über den Schakal gesagt?« – »Einen Schakal? Nein. Wer oder was soll das sein? Der Käufer?« Sie besann sich kurz. »Nein, von einem Schakal hat er nicht geredet … Aber wenn du mich so fragst: Die ganze Stadt war in Aufruhr. Überall Soldaten. Sie haben das kleine Flugfeld geebnet, die Hubschrauber gereinigt. Irgendwer kommt, irgendein Wichtiger. Aber von einem Schakal habe ich noch nie etwas gehört.« – »Nabot hat ihn wirklich nie erwähnt?« – »Nein. Ich kann mich daran nicht erinnern. Wenn er etwas ahnte, dann hat er es nicht erzählt. Er war nicht sehr gesprächig in diesen Dingen.« Elia nickte. Es war alles gesagt. »Ich bleibe heute Nacht bei euch, wenn ich darf. Morgen trennen sich dann unsere Wege.« Die Witwe stimmte stumm zu.

Wenig später reichte sie Elia eine Decke, vermutlich Nabots Decke. Die Frauen teilten sich die Bettstelle des Ehepaars. Elia legte sich auf dem Bettgestell der Tochter schlafen. Aber er fand keine Ruhe. Immer wieder sah er die Augen des Chiefs vor sich und fragte sich, wer der Schakal sein könnte. Niemand aus der Gegend. Sonst hätte Nabots Witwe von ihm gehört haben müssen. Man kannte sich, meilenweit. Dann dachte er an die Worte des Sängers. Auf der Suche nach dem Schakal hatte er sich dem anvertraut, was ihm sein Inneres eingab, war den Impulsen gefolgt wie die Störche. Störche finden immer zurück zu ihrem Nest, immer. Vielleicht ist das die Lösung? Zurück zum Nest gehen? Wo ist das Nest, wenn es nicht das eigene Zuhause ist? Das Feld, das Nahrung gibt? Sollte er sich zu den Feldern wenden? Elia befragte wie jeden Abend Gott. In den Träumen der Nacht würde er Antwort finden. Alle Wegweisung erschien ihm als eine logische Folge seiner Weisung. Am Morgen würde er der letzten dieses Tages folgen: Er würde zum Nest der Störche gehen.

4

Es war noch dunkel, als die Witwe und die Tochter ihr Bündel schnürten. Viel gab es nicht zu packen. Sie aßen von den Broten des Vortags. Keiner wollte ein Feuer entzünden. Die Frauen umarmten Elia vor der Hütte. Da heute kein Bus fuhr, würden sie den Weg zur Stadt laufen müssen. Aber das schien ihnen nichts auszumachen. Elia wandte sich dem Weg zu den Feldern zu, die Witwe und ihre Tochter gingen in die entgegengesetzte Richtung. Nach wenigen Metern wandte sich der Seher noch einmal um und beobachtete, wie sie sich entfernten. Dann ging er entschlossenen Schritts seinen Weg.

Am späten Morgen erreichte er das erste Feld. Die Hitze würde nicht lange auf sich warten lassen. Elia ging am Feldrain entlang bis zum Fluss und trank, setzte sich dann in den Schatten der Bäume, sah über das Feld und wartete. Das Ufer war auf beiden Seiten an einigen Stellen flach und ausgetreten. Die Trockenzeit hatte den Fluss weit zurücktreten lassen. Aber noch immer war das kühle Nass eine Quelle des Lebens für Mensch und Tier. Elia erinnerte sich mit Schaudern daran, wie der Fluss einmal ganz versiegt war. Die Tiere kamen hierher, um zu trinken, die Frauen wuschen die Wäsche. Ohne diese Ader endete das Leben. Die Bäume hinter dem flachen Ufer zeigten selbst jetzt noch ein üppiges Grün.

Elia genoss den stillen Tag und wartete. Er musste sich nicht lange gedulden. Der Motorenlärm war von Weitem zu hören. Elia verbarg sich zwischen den Bäumen. Zwei Hubschrauber landeten kurz nacheinander auf dem gegenüber-

liegenden Ufer. Zunächst sprangen bewaffnete Männer in schwarzen Anzügen heraus. Sie sicherten das Gelände nach allen Seiten. Dann folgten zwei weitere Männer in Schwarz. Als Letzter entstieg der Maschine ein mittelgroßer, blasser Mann. Er knöpfte sein Jackett in der Mitte zu, als würde er gerade vor die Kamera treten. Das musste der Schakal sein. Er nahm seinen neuen Besitz höchstpersönlich in Augenschein. Elia pfiff unwillkürlich durch die Zähne. Die Rotoren schlugen noch. Man konnte nichts anderes hören. Das war Elias Glück. Ein Pfiff in der Stille hätte ihn vielleicht das Leben gekostet.
Die zwei Unbewaffneten und der Schakal schritten am Ufer entlang. Der Schakal hörte den Erklärungen der beiden zu, ließ sich Papiere geben, die wohl ihre Pläne verdeutlichen sollten. Elia wollte endlich etwas tun, eingreifen. Er hatte lange genug gewartet. Der Seher trat an das Ufer des Flusses. Er stand dem Schakal Auge in Auge gegenüber. Die Bewaffneten nahmen die Gewehre in Anschlag, aber der Schakal bedeutete ihnen mit einer Bewegung, nichts zu unternehmen. »Hast du mich gefunden, mein Feind?« – »Ich habe dich gefunden«, erwiderte Elia. »Durch einen Mord bist du Erbe dieses Landes geworden, durch einen Mord meinst du das, was das Land an Reichtümern hat, für dich ausnutzen zu können. Was ist es, dass dich dazu trieb?« – »Davon verstehst du nichts, Seher. Hier liegen Schätze, die uns so unermesslich reich werden lassen, dass jeder Ölmufti ein armer Mann ist. Weißt du, was hier lagert? – »Nein, aber du wirst es mir erklären.« – »Koltan! Kostbarer als Gold oder Öl. Dieses Metall ist ein Wunderwerk der Natur. Du kennst die kleinen mobilen Telefone. Wir werden sie

kleiner und praktischer bauen können, weltweit. Wenn wir endlich das Koltan nutzen können. Die Bauern verstehen nichts davon. Was nützt ihnen das bisschen Land. In aller Welt werden meine Vorräte gebraucht werden. Begreifst du das, Seher?« – »Und Nabot?« – »Nabot, Nabot«, äffte ihn der Schakal nach, »Was musste sich dieser Nabot mir entgegenstellen! Er hätte gut verdienen können, der Dummkopf!« Aus Elia brachen Worte, die er sich nicht selbst wählte. Sie bestimmten ihn: »Weil du dich hergegeben hast, das zu tun, was Gott missfällt, deshalb werden die Hunde dein Blut lecken, wo du Nabot hast töten lassen. Und Gott wird dein Geschlecht hinwegfegen von der Erde. Du hast Gott zum Zorn gereizt und andere zu Mördern werden lassen. Darum wirst du und deine Familie sterben«, schrie Elia ihm entgegen.

Schweigen breitete sich über dem Fluss aus. Der Schakal starrte Elia an. Elia hielt seinem Blick stand. Aus dem Augenwinkel nahm er eine Bewegung wahr. Unwillkürlich schaute er zum Hubschrauber hinüber. Dort stand eine Frau. Sie musste eben aus dem Helikopter gekommen sein. In diesem Augenblick verstand er die Worte des Sängers: Die Schakale! Er hatte von *den* Schakalen gesprochen. Nicht einer, nein, mindestens zwei mussten es sein. Das lange dunkle Haar der Frau flatterte leicht im Wind. Es umgab sie wie ein natürlicher Schleier. Sie trug ein schwarzes Kostüm und hochhackige Schuhe. Nicht eben praktisch für die Gegend hier, dachte Elia. Aber auch: sehr kleidsam. Sie stand aufrecht und selbstbewusst unter den Rotorblättern. Man hatte den Eindruck, dass alles, was sie ansah, auf rätselhafte Weise unmittelbar in ihren Besitz überging. Ihr würde keiner widersprechen. Die Macht schien ihr einfach zuzustehen. Elia erwiderte ihren kalten, klaren Blick. Dann wandte er sich langsam, wie in Zeitlupe um und ging. Jeden Augenblick rechnete er damit, dass ihn ein Schuss treffen würde. Aber nichts geschah. Nur die Stille lastete über dem Land.

5

Ein Jahr verging. Auch diese Nacht war still und warm. Elia schlief schlecht. Er wälzte sich auf dem Bett, das früher Nabot gehört hatte, hin und her. Vor einem Jahr war er das letzte Mal in der Hütte gewesen. Offensichtlich kümmerte sich niemand um das Häuschen. Alles war von einer dicken Staubschicht bedeckt gewesen. Einige Hühner hatten sich häuslich eingerichtet und waren ärgerlich gackernd verschwunden, als er den Raum betreten hatte. Die ganze Nacht dachte Elia darüber nach, warum er hergekommen war. Es blieb ihm unerklärlich. Das innere Gefühl, das ihn leitete, kam nicht aus seinen eigenen Gedanken und Gefühlen. Es war etwas Äußerliches, Fremdes. Fast ein Befehl. Und jetzt befahl es ihm aufzustehen und zum Fluss zu gehen. Dorthin, wo er den Schakal damals verlassen hatte. Elias Seele wehrte sich gegen diesen Gedanken. Voller Furcht dachte er an die Nachrichten, die ihn aus der Gegend erreicht hatten. Zwei Dörfer waren dem Erdboden gleich gemacht worden. Keiner hatte sich die Mühe gemacht, die Toten zu begraben. Sie waren zur Beute der Hyänen geworden. Für einige der Warlords war der Tod Nabots offensichtlich ein

Signal gewesen: Kämpft, dass auch ihr etwas vom Kuchen abbekommt. Der Chief hatte sich durchgesetzt. Im Moment. Nabots Dorf war nichts geschehen. Aber es war gefährlich, lebensgefährlich, das Dorf allein zu verlassen. Zwecklos zu grübeln, sagte Elia zu sich selbst. Er erhob sich von Nabots Pritsche. Hunger hatte er keinen. Die Angst schnürte ihm die Kehle zu. So raffte er sein Gewand und folgte entschlossenen Schritts der Stimme, die stärker war als er.

Der Weg zum Fluss half ihm, die Gedanken zu beruhigen. Schritt vor Schritt, hügelauf, hügelab. Plötzlich endete der Wald, und Nabot stand an einem Abhang. Die Erde lag verwundet vor ihm. Der Abhang war neu. Am Fuße hatte man flüchtig ein paar Gebäude errichtet. Ein paar Blechhütten für die Arbeiter, eine Steinhalle für die Maschinen, die das Erz aus der Erde wuschen. Wo die Felder der Dorfes begonnen hatten, war nicht mehr auszumachen. Elia sah vor sich, was drohte: In ein paar Jahren, wenn die Erde ausgebeutet war, würde der Regen die Reste wegwaschen, der nackte Felsen zurückbleiben. Wird der Wald die Wunde jemals heilen können? Elia schloss die Augen. Ihn schwindelte vor dem Abgrund. Dem, der sich schon zeigte, und dem, der zu erwarten war. Aber er musste hinunter. Die Stimme in ihm wollte es so.

Irgendwo musste ein Pfad sein. Elia blickte sich suchend um. Überrascht entdeckte er nur wenige Meter von sich entfernt den Schakal. Er hockte im schwarzen Anzug auf der Erde und starrte schweigend ins Nichts. Elias erster Impuls war: Flieh, eh es zu spät ist! Auf den zweiten Blick wirkte der andere wie ein Kind, verletzlich und verunsichert. Elia setzte sich neben ihn. Der Schakal schien es nicht zu be-

merken. Aus Elia brachen die Worte heraus, die ihn hierher befohlen hatten: »Gott hat deine Trauer gesehen. Du wirst nicht sterben. Er gibt dir eine zweite Chance.« Noch immer sah der Schakal auf die aufgerissene Erde. Irgendwann hob er den Blick und sah Elia an: »Dein Gott, Elia, ist unbegreiflich. Ich erhalte eine zweite Chance, aber alle, die durch meine Gier tot sind, kommen nicht mehr zurück. Sie suchen mich täglich in meinen Träumen. Besonders dieser Nabot. Sie sagen nichts, sehen mich nur an. Nacht für Nacht. Und es wird kein Ende geben. Selbst wenn ich hier gehe. Es werden andere kommen, das Land nehmen, die Leute töten, das Erz verkaufen. Der Krieg geht weiter.« Elia wusste, dass er Recht hatte, und dennoch: »Wenn du anfängst, ist das ein Anfang, wenn deine Leute nicht mehr schießen, werden weniger sterben. Wenn du keine Kinder mehr entführst, gibt es weniger Soldaten. Es ist nicht viel, aber es ist ein Schritt. Mag sein, er bringt nicht den Frieden für das ganze Land, aber es könnte sein, er schenkt diesem Flecken Erde friedlichere Zeiten, für die Nabot starb.«
Elia irrte sich nicht: Drei Jahre lebte das Land in Frieden.

Paula und Paul

> Da begegnete uns eine Magd,
> die hatte einen Wahrsagegeist
> und brachte ihren Herren viel Gewinn ein mit ihrem
> Wahrsagen.
> Die folgte Paulus und uns überall hin und schrie:
> Diese Menschen sind Knechte des allerhöchsten Gottes,
> die euch den Weg des Heils verkündigen.
>
> *Apostelgeschichte 16,16*

Paula ohne Paul

Eine Frau wie sie vergisst man nicht. Obwohl sie eine vergleichsweise attraktive Frau war, ihr Auftreten gesittet und die Kleidung angemessen, blieb sie jedem, der ihre Stimme einmal gehört hatte, als schrecklich im Gedächtnis. Sie war so furchtbar, dass sie sich in die Erinnerung einbrannte und alles, dem sie ihre Stimme lieh, unvergesslich machte. Das war ihre große Begabung: eine einprägsam-schreckliche Frau zu sein. Ganz zufällig entdeckte sie der Werbemanager Meyerhuber bei einem Bummel durch die Münchner Innenstadt. Es war Sommer, und sie saß mit einer Freundin im Café. Meyerhuber ging in Gedanken vorbei. Er hatte frei und genoss das Nichtstun in der Menge. Da begann SIE zu lachen. Und Meyerhuber blieb abrupt stehen und drehte sich zu ihr um. Furchtbar. Ja, furchtbar! Diese Stimme war unerträglich. Wunderbar. Genau das hatte er schon lange gesucht. Diese Frau musste er als Werbestimme verpflichten!

Paula stand zu dieser Zeit kurz vor Abschluss des Abiturs. Sie war zwanzig Jahre jung und hatte keine Ahnung, was sie danach tun wollte. Meyerhubers Angebot kam ihr gerade recht. So musste sie sich jetzt noch nicht für eine Ausbildung entscheiden. Damals hätte sie es sich nicht träumen lassen, dass sie ein Leben lang dabei bleiben könnte. Heute war das anders. Heute war sie fünfundzwanzig, hatte drei attraktive Werbeverträge für die nächsten zehn Jahre unterschrieben und konnte sich auf häufige Einladungen in Talkshows verlassen. Was wollte man mehr, wenn man mit fünfundzwanzig bis ans Lebensende ausgesorgt hatte? Quasi. Dafür war ihre Stimme ihr Potenzial, ihre Einnahmequelle, ihr Profit.

Dass sie auch die Einnahmequelle anderer war, darum machte sich Paula wenig Gedanken. Noch weniger interessierte es sie, was aus den Worten wurde, die sie zu sagen hatte. Man gab ihr alles vor. Sie hatte an ihrem einundzwanzigsten Geburtstag aufgehört, darüber nachzudenken. Genauer gesagt: Sie hatte es sich selbst untersagt. Die Sprüche vertrugen sich einfach nicht mit ihrem sonst so nachdenklichen Wesen. Und keiner erwartete hinter solch einer Stimme einen denkenden Geist. Insofern genoss sie Narrenfreiheit. Es war gleichgültig, was sie sagte, wenn es nur der Marke diente. Obwohl die Unsinnigkeit ihrer Rede jedes Ohr beleidigte, wirkten ihre Worte geradezu prophetisch. Produkte, die sie bewarb, verkauften sich schlagartig um das Doppelte besser. Ihre Stimme war ein beinahe dämonisches Wunderwerk.

Bis zu dem Tag, an dem sie Paul kennenlernte.

Paula gegen Paul

Paul war in gewisser Weise das Gegenteil von Paula. Er hatte Philosophie und Theologie studiert, eine Ausbildung zum Exerzitienleiter angeschlossen. Seit einigen Jahren lebte er in einer kleinen Gemeinschaft am Rande der Stadt. Dort und in der Volkshochschule bot er Kurse an. Am liebsten leitete er Schweigeretraiten. Sie waren zwar immer unsagbar anstrengend, aber auch die reichste Erfahrung, die man mit Menschen teilen konnte.

War das Haus nicht ausgelastet, so nahmen die Brüder Gäste auf. Paula konnte im Nachhinein nicht mehr sagen, wieso sie die Übernachtung diesmal nicht im Hotel, sondern am Rand der Stadt gebucht hatte. Sie war erschöpft gewesen. Vielleicht hatte sie das auf die Idee gebracht, das Hotel zu meiden. Sie reiste bereits einen Abend vor der Veranstaltung an. Die Stadt war ihr unbekannt. Es interessierte sie, wer dort wie lebte. Außerdem mochte sie es, wenn sie sich in aller Ruhe auf einen Abend vorbereiten konnte.

Als sie am Morgen nach einem stillen Frühstück das Haus verlassen wollte, hörte sie eine einsame Stimme. Paula wusste, dass die Brüder den Tag mit einem gemeinsamen Gebet begannen, aber die Zeit, die sie auf dem Aushang neben der Tür gelesen hatte, war schon lange vorbei. Da hatte sie noch geschlafen. Sie ging der Stimme nach und fand sich nach einigem Suchen in einem kleinen Raum wieder. Er war beinahe leer. Neben der Tür lag ein Stapel Kissen. Den Boden bedeckten helle Matten. Vor dem großen Fenster stand ein farbiges Gebilde aus Glas auf dem Boden. Es zeigte ein Kreuz, dass von einem nach oben geöffneten Halbkreis gleichsam getragen und aufgehoben wurde. Ein Mann von vielleicht dreißig Jahren saß auf einem Kissen und sang mit geschlossenen Augen. Er sang nicht laut, aber seine Stimme trug. Paula nahm sich eines der Kissen und setzte sich dazu. Sie schloss die Augen und genoss es, einfach nur zu hören. Ihr entglitt das Gefühl für Zeit und Raum. Die Stille, die sie im Klang umgab, drang in ihr Inneres ein und ließ ihren Atem ruhiger und ruhiger fließen. Nach einiger Zeit verebbte der Gesang, und es wurde ganz still, um sie und in ihr. Als die Stimme wieder leise klang, kehrte sie allmählich wie aus einem fernen Land in die Wirklichkeit zurück.

Paula öffnete die Augen und lächelte. Ihr war, als wäre sie noch nie so glücklich gewesen. Der junge Mann neben ihr nickte ihr freundlich zu: »Sie sind Gast in unserem Haus, habe ich gehört.« Und da geschah es: Paula öffnete den Mund und schnarrte: »Ja …« Schlagartig war die Stille des Raumes zerstört. Entsetzt sprang Paula auf und flüchtete. Nie, nie wieder würde sie den Raum betreten. Nie, nie wieder würde sie mit diesem Menschen reden wollen. Sie hetzte durch die Stadt und fand keine Ruhe. Er war daran schuld, an allem war er schuld! Er hatte sie wehrlos gemacht, eingelullt mit seinem Gesinge! So einem Menschen musste man das Handwerk legen!

Die Talkshow am Abend bot ihr dafür eine wunderbare Gelegenheit. Jeden dritten Mittwoch im Monat wurde sie aus der Stadt über den regionalen Fernsehsender übertragen. Paula war der unbestrittene Star des Abends, von dem man sich ein weltoffenes Flair versprach. Entsprechend waren die Preisverhandlungen für sie sehr günstig gewesen. Paula fühlte sich in ihrer Rolle ausgesprochen wohl. Der gutbe-

zahlte Star zu sein, selbst wenn man nur aus der Werbebranche kam, gefiel ihr.
Die Bühne befand sich in der Mitte des Raumes. Die Tische verteilten sich locker über die runde Fläche der Gaststätte. Kleine Fensternischen ließen den weiten Raum kleiner und gemütlicher erscheinen. Paula mochte es nicht, wenn ein Teil des Publikums hinter ihr saß. Doch an diesem Abend war sie darüber erhaben. Es irritierte sie kaum. Die Vorbereitungen und Absprachen hatten vom Mittag bis zum frühen Abend gedauert. Acht Uhr fünfzehn Null Null begann die Musik. Paula schloss kurz die Augen und fühlte in sich den Nachklang der morgendlichen Stille. Irritiert und verärgert öffnete sie die Augen wieder. Noch heute Abend würde sie gegen diesen Typen aufstehen und seinem Tun Einhalt gebieten! Das war nur recht und billig. Das Gespräch plätscherte dahin. Die Moderatorin war zu freundlich, fand Paula. Sie hätte nachhaken müssen, verbinden, angreifen. Endlich kam ihr Auftritt. Sie lächelte in die Kamera. »Paula, du bist seit Jahren eine Ikone der Werbeindustrie. Aber man weiß nur wenig über dich, den privaten Menschen. Du hast uns erlaubt, heute ein wenig hinter die Fassade zu sehen. Wir sehen uns erst einmal an, was unsere Kameras einfangen durften.« Paulas Kurzvorstellung zeigte einen Tag in ihrem Leben, einen Tag, wie man ihn sich vorstellen sollte: die Wohnung wie sonst nie aufgeräumt und gut geordnet, ihr Weg zum Studio, den Abend im Fitnesscenter, danach ein Treffen auf ein Glas Wein mit den Leuten vom Center, die sie hier als ihre Freunde bezeichnete. Paula lächelte in die Kamera, wie sie es in den vergangenen Jahren gelernt hatte. Als sie sich selbst so sah, erschien ihr das

hohl und sinnlos. Was tat sie da eigentlich? Ein anderer Teil ihrer selbst rief sie zur Raison: Das ist seine Schuld. ER bringt dein Leben durcheinander. Konzentrier dich! Die Moderatorin lächelte nun sie an: »Paula, du bist seit Jahren stets ausgebucht. Deine Tage sind hart und jede Minute ist ausgeplant. Wie schaffst du das alles? Bist du ein religiöser Mensch?« »Nein«, quietschte Paula und lächelte weiter. Der Impuls der Moderatorin kam ihr wie gerufen. So konnte sie ohne Mühe sagen und zeigen, was sie von dem Haus am Rande der Stadt hielt, in dem sie gezwungenermaßen noch einmal übernachten musste. Immerhin hatte sie dort gebucht. »Ich bin diszipliniert und organisiere meinen Tagesablauf sehr genau. Aber mit Religion habe ich nichts am Hut. Ich halte das, was da angeboten wird, für Unsinn, Volksverdummung. Gebet oder Stille üben ist Zeitverschwendung. Ich habe es gerade heute Morgen hier in Ihrer Stadt selbst erlebt. Dort singen sie von der Stille, von dem, was aus Gott das Leben trägt ... Sie stehlen den Leuten die Zeit und behaupten, sie zeigten ihnen den Weg zu sich und zu Gott.« Paulas Stimme schnarrte durch den Raum, ging durch Mark und Bein. Stille in dieser Stadt, unter ihren Dächern? Unerhört! Und sie lächelte und lächelte. Es war nicht ersichtlich, ob ihre Botschaft die Leute erreichte. Paula vertraute auf die Ausstrahlung. Lächeln und Worte in die Luft werfen. Das hatte sie gelernt, das traf und saß. Einundzwanzig Uhr sechsundzwanzig Null Null setze die Moderatorin zum Schlusswort an. Einundzwanzig Uhr achtundzwanzig Null Null begann die Abschlussmelodie. Man saß noch ein wenig und plauderte leise. Paula lachte ihr Lachen und stolzierte mit den Herren der abendliche Runde aus dem Saal.

Es war der erste Abend, an dem sich Paula deutlich gegen Glauben und vor allem gegen die Arbeit des Exerzitienhauses aussprach. Andere folgten. Irgendwann gelang es ihr, den Namen des Bruders herauszufinden, mit dem sie im Raum der Stille gesessen hatte. Sein Name gab ihr die Möglichkeit, sich noch deutlicher gegen ihn abzusetzen. Er hieß Paul.

Paul trifft Paula

Paul hatte sich noch nie besonders für Werbung interessiert. Den Fernseher hielt er neben dem Computer für die größte Zeitvernichtungsmaschine seit der Erschaffung des Menschen. So kam es, dass er zunächst nichts von Paulas Auftritten erfuhr. Erst einige Wochen – und mehrere Gesprächsrunden später – klärte ihn eine Teilnehmerin eines Kurses über Paulas Treiben auf. Er begann, sich gelegentlich gezielt die eine oder andere Sendung, in der sie auftrat, anzusehen. Sie war hübsch und wirkte allgemein sehr nett, solange sie den Mund hielt. Sobald sie sprach, veränderte sich die Stimmung. Allein ihre Stimme verwandelte das Studio in eine Kampfarena. Und ganz offensichtlich war sie gerade dabei, ihn und sein Haus in der Arena zu richten. Paul lachte anfangs über sie. Dann fiel ihm ihr Gerede zunehmend auf die Nerven. Auch wenn es dem Haus und seiner Arbeit kaum schadete, war sie einfach unerträglich. Er musste sie treffen und wenn möglich dem Treiben ein Ende bereiten. Es war ein Wunder, dass ihn noch keiner in eine dieser Sendungen eingeladen hatte!

Bei der Suche nach einem Treffpunkt musste Paul feststellen: Paula war wirklich ein unglaublich aktiver Mensch. Er wunderte sich über ihre Kondition. Sie musste Kräfte in sich tragen, die kaum einem anderen zur Verfügung standen. Aber bestanden die Kräfte nicht zu einem großen Teil aus banalem Hass? Oder was wollte sie erreichen? Paul versuchte sie zu verstehen, aber es gelang ihm nicht. Das Bild, das produziert wurde, passte nicht zu seinen Erinnerungen an sie.

Ein paar Wochen später hatte Paula eine Autogrammstunde in den Nachbarstadt. Sie wollte dort auch übernachten. Paul nahm sich den Tag frei und fuhr zu ihr. Das Gedränge war groß. Der Tisch stand hinter einer Absperrung, und Paul musste sich in eine lange Schlange einreihen. Paula war schon von Weitem zu hören. Einige ihrer Fans kreischten und winkten. Paul fand das übertrieben, abstoßend. Aber vermutlich war es ein einträgliches Geschäft. Für Paula. Oder ihre Manager. Oder die Werbeträger. Oder für alle. Aber wofür das Geld eigentlich gezahlt wurde, war Paul unklar. Sie war sicher viel beschäftigt. Aber was entstand daraus? Wem nützte es? Der Gedanke ließ Paul nicht mehr los. Wozu dieser Tumult um nichts? Die Schlange schob Paul allmählich voran. Er musste nur ab und an einen Fuß vor den nächsten setzen. Seine Gedanken beschäftigen sich mit den Plakaten, die Paula zierte, ihren Sprüchen im Fernsehen, den Menschen, die sich danach sehnten, zu sein wie sie. Wonach sehnten sie sich eigentlich? War nicht das ganze System aus den Fugen und Paula mit ihm? Und wer war wer in diesem Wirrwarr? Als er vor ihr stand, legte er das Faltblatt der Gemeinschaft vor sie. Vor ihm saß keine Ikone, keine Werbepuppe. Vor ihm saß Paula. Sie war Paula. Einfach nur Paula. Ein Mensch.

Irritiert blickte sie auf. Da stand er. Der Bruder aus dem stillen Raum. Und sah sie mit einem scheuen Lächeln an. Was hätte sie dafür gegeben, ihn nicht ansehen zu müssen. Er wirkte hier ebenso souverän wie dort in der Stille. Sie sahen sich an und schwiegen. Paula atmete tief ein, so tief wie in jenem Raum an jenem Tag. Sie fühlte ihren Körper, ihr Ich. Alles war anders, wenn sie so fühlte. Lebendiger, intensiver. Er sprach sie an: »Du wirst andere Wege gehen, Paula. Neue Wege. Du musst dich nicht von ihnen beherrschen lassen. Du bist du, Paula. Du! Wunderbar und einmalig. Gib das nicht auf, was dir geschenkt ist.« Lächelnd legte er ihr die Hand auf ihre Hände, nickte ihr zu, wandte sich ab und ging.

Die Nachdrängenden begannen unruhig zu werden. Was geschah da? Paula saß hinter dem Tisch und sah ihm nach, wie er sich abwandte und in der Menge verschwand. Erst Minuten später konnte sie sich wieder auf die Autogrammwünsche konzentrieren. Aber etwas hatte sich verändert, wenn es auch äußerlich noch nicht sichtbar war.

Paula

Am Abend flog sie in die Hauptstadt, um in einer Show aufzutreten. Man hatte entdeckt, dass sich ihre Stimme für Comicwerbung eignete. Die ersten Aufnahmen lagen vor und sollten im Rahmen der Show vorgestellt werden. Paula kannte die Halle gut und war froh, sich nicht auf Unbekanntes einlassen zu müssen. In ihr rumorte und arbeitete es. Immer wieder spürte sie dem Atem nach, der in ihr floss. Teil eines großen Atmens in der Welt. Heilsam und leicht. Sie, einmalig und dennoch Teil des großen Weltgefüges. Ganz anders als die stickige Luft in den Studios, die nach Technik und Film rochen, nach abgestandenem Schweiß und der Konkurrenz, die jeder jedem war. Ausgeatmetes Misstrauen, eingeatmetes Misstrauen. Der Atmen jetzt floss von außen in sie hinein und ließ sie leben. Man musste nichts tun. Der Körper wusste alles von selbst. Und über dem allem schwebte die eigene Stimme. Sie war sie, nicht Rädchen im Getriebe einer Welt, die sie sonst nichts anging. Sie war ein Wunder Gottes.

Paula legte im Hotel ihre Sachen ab und bereitete sich auf die Probe vor. Duschen, vorbereiten zum Schminken für die Maske. Sie sang unter der Dusche. Es war albern. Sie hatte seit ihrer Kindheit nicht mehr gesungen. Sie konnte nie singen. Aber ihre Mutter hatte darauf bestanden, dass sie Volkslieder lernte: »Nun ruhen alle Wälder« war das Lieblingslied der Mutter gewesen. Sie hatten es oft gesungen: weich und warm, still wie ein Sommerabend in den Bergen. Paula ließ die Stimme fließen, fühlte dem Strömen in sich nach. Fast klang ihre Stimme wie die der Mutter. Sie fühlte sich unglaublich wohl in sich selbst.

Das Wohlgefühl war schon kurze Zeit später heftigen Erschütterungen ausgesetzt. Der Tontechniker geriet in helle Aufregung, als sie die ersten Worte sagte. »Was haben Sie mit ihrer Stimme gemacht? So geht das doch nicht! Das hätte man Ihnen doch sagen müssen!« Paula wusste nicht, was sie antworten sollte. Sie hatte nichts mit ihrer Stimme gemacht.

Alles war ganz normal. Sie konnte nicht erklären, wie der andere Ton in ihr zustande kam. Einatmen, ausatmen und auf dem Atem die Stimme schweben lassen. So war es gut. Aber sie hatte nichts, überhaupt nichts direkt mit ihrer Stimme angestellt. Als er ihren irritierten Blick sah, legte er ihr begütigend den Arm um die Schultern. »Heute bekommen wir das schon mal hin, aber morgen, morgen sollten sie dringend einen Arzt aufsuchen.« Er nickte heftig dazu.
Auch der Manager war der Meinung, dass eine solche Veränderung der Stimme unmöglich sei, es sei denn, sie wäre krank. Paula dagegen fühlte sich nicht krank. Sie fühlte sich vielmehr gesund, um einiges gesünder und wohler als gestern.
Aber sie suchte einen Arzt auf und versuchte, das Problem zu schildern. Er nickte ernst und verständnisvoll, hörte sie, ließ sie sprechen – und erklärte sie für kerngesund.
Zur gleichen Zeit brachen die Einschaltquoten der Sendungen ein, in denen Paula auftrat. Damit reduzierten sich die Einnahmen für die Werbeblöcke zwischen den Sendungen empfindlich. Paulas Manager sah sich außerstande, ihr weitere Verträge und Aufträge zu vermitteln. Ihre Auftraggeber stornierten sämtliche Aufnahmen. Da sie die bereits geschlossenen Verträge nicht mehr erfüllen konnte, drohten Klagen. »Was hat dich nur so verändert?« fragte Paulas Manager Holmes sie während einer der vielen Krisensitzungen. Paula zuckte mit den Schultern. Was sollte sie dazu sagen? Es ging ihr bestens, besser als je zuvor. Nur dass sie sich wohl nun völlig neu orientieren musste. Die Werbe-Ikone Paula hatte ausgedient. Zurück blieb Paula, einfach Paula, eine Frau, die unterwegs war zu sich selbst.

Holmes und Meyerhuber gegen Paul

Aber Holmes wollte sich nicht mit ihrem Schulterzucken zufrieden geben. Er merkte die Auswirkungen an seinem Konto. Und das machte ihn rasend: Paula war nicht mehr verfügbar. Die Einnahmen brachen weg. Wenn die letzten Aufnahmen ausgenutzt sein würden, musste er das Kapitel abschließen. Sie wirkte als Gesprächspartnerin nur noch wie eine mittelstarke Schlaftablette. Holmes war wütend. Was brachte die Welt, seine Welt durcheinander? Wer hatte dazu das Recht? Jahre hatte er damit zugebracht, das Mädchen aufzubauen. Und jetzt? Meyerhuber ermutigte ihn, sich gegen das Phantom, wie er es nannte, zur Wehr zu setzen. »Lassen Sie sich bloß nichts gefallen. Was auch immer die Paula so verändert hat, das bedroht auch Sie. Ich nehme ja an, dass es ein Mann ist. Und der hat uns alle auf dem Gewissen! Stellen Sie sich vor, was das wäre, wenn Menschen so würden, wie Paula jetzt ist. Es ist doch ein Lacher. Sie hat ihre Begabung verloren, und statt sich um das Verlorene zu kümmern, stülpt sie ihr ganzes Leben um! Das hat sie mir selbst erzählt. Im Augenblick macht sie ein Praktikum im Straßenkinderzentrum. Studieren will das dumme Mädel, mit fünfundzwanzig! Und mit Kindern arbeiten. Dabei lag ihr die Welt zu Füßen! Letztens meinte sie, sie könne sich gut vorstellen, in die Entwicklungshilfe zu gehen, wenn sie ihr Studium erst mal abgeschlossen hat. Ich habe ja nichts gegen Entwicklungshilfe. Aber ich bitte Sie, das ist doch kein Vergleich zu dem Leben, das sie geführt hat! Und wir haben den Salat. Denken Sie, sie hätte sich bei mir bedankt oder wäre auch nur ein wenig traurig gewesen? Nichts! Dabei war ich es, der

sie damals entdeckte. Wir sollen sehn, wie wir aus der Krise finden. Nein, dafür muss jemand zahlen, jemand, der dafür verantwortlich ist. Wer, das ist mir egal. Von mir aus die Paula selbst oder wer auch immer!« Holmes nickte zu jedem Wort. Meyerhuber sprach ihm aus der Seele. Was sie an diesem Werbeträger verloren, war gar nicht abzuschätzen.
Zwei Tage später sprang Meyerhuber fröhlich durch die Tür und schwenkte triumphierend einen Zettel. »Wir haben ihn, wir haben ihn!« – »Ja, weißt du denn, wer sie so beeinflusst hat?« – »Das noch nicht gerade, aber ich habe eine Idee, wie wir ihn, wenn wir wissen, wer es ist, dran kriegen können! Lies!« Holmes nahm Meyerhuber das Blatt aus der Hand und las: »›Unlauterer Wettbewerb‹ … Und?« – »Ja, verstehst du das denn nicht? Gesetzt den Fall, sie war bei einem Arzt, einem Scharlatan oder sonst so einem religiösen Spinner gewesen. Dann kann man ihm untersagen, sich weiter zu betätigen. Wir verklagen ihn – oder sie – auf Unlauteren Wettbewerb. Entweder er unterlässt das, was er getan hat, oder er muss uns eine Vertragsstrafe zahlen. Und, was viel wichtiger ist, wir bringen die Marken wieder ins Spiel, die du nicht mehr bewerben darfst, weil wir keinen Werbeträger mehr dafür bieten können. Und das wird nicht ohne Folgen für unsere Kasse sein.« Meyerhuber blickte Holmes über die Ränder seiner Brille an und grinste. »Und los sind wir ihn außerdem«, schloss er leichthin. »Stell dir vor, er würde noch andere deiner Leute ›behandeln‹!« – »Fehlt uns nur noch ein findiger Rechtsanwalt, der das uns so zurechtbiegt …« – »Ach, das lass meine Sorge sein … Such du nur noch mal gründlich nach dem Delinquenten. Ich freu mich schon auf den Prozess!« In seiner Stimme schwang

die ganze Abneigung mit, die sich in den letzten Tagen gegen den Unbekannten aufgebaut hatte. Paula war zu ersetzen. Im Grunde gab es an jeder Straßenecke zehn Mädchen, die nur darauf warteten, wie sie zu werden. Aber so einer, der konnte ihnen wirklich schaden.
Und Meyerhuber gelang es innerhalb einiger Tage, einen Rechtsanwalt zu finden, der sich ihnen in diesem etwas merkwürdigen Fall an die Seite stellte. Er berichtete Holmes grob das, was sie zunächst besprochen hatten: Wenn es ihnen gelingen würde, den Täter oder die Täterin zu finden, die mit an Sicherheit grenzender Wahrscheinlichkeit Paula verändert hatte, dann könnten sie zunächst eine Abmahnung an ihn oder sie schicken und fordern, dass er - oder sie - sein Tun einstellt. In jedem Fall der Zuwiderhandlung - und da konnte man vieles finden - wäre die Person verpflichtet, ihnen eine Vertragsstrafe zu zahlen. Der Rechtsanwalt hätte das grob durchgerechnet und wäre, eingerechnet die Ausfälle aus der Comicproduktion, auf ca. 3,5 Millionen gekommen. Immerhin hätten sie Sendungen absetzen müssen, hätten Ausfallzeiten gehabt und müssten einen neuen Werbeträger ausbilden. Sie wären, sagte Meyerhuber, absolut im Recht, denn die Marke Paula gehöre ihnen. Und kein Mensch hätte das Recht, sie in den wirtschaftlichen Ruin zu treiben. Holmes legte die Füße auf den Tisch. Da klang gut. Das, was Meyerhuber da sagte, klang richtig gut.
Aber auch Holmes war in der gleichen Zeit nicht untätig geblieben. Er hatte fieberhaft nach dem Menschen geforscht, der ihnen Paula verdorben hatte. Er begann mit allem, was die Presse in den letzten Wochen veröffentlich hatte: Bil-

der, Texte, Anzeigen. Gleichzeitig liefen die Vorbereitungen für eine Castingshow. Wenn er Paula ersetzen sollte, dann richtig. Und die Chancen standen nicht schlecht, dass sie gut daran verdienen würden. Dennoch drehte sich in seinem Kopf die Frage: Was wäre, wenn mehr Menschen anders leben würden? Was würde mit ihm, seiner, ihrer aller Welt geschehen? So ein Verhalten war nicht zu dulden. Es war in einem tieferen Sinn wettbewerbsschädigend. Es entsprach nicht den Erfordernissen seiner, ihrer aller modernen Welt. So ein Verhalten musste man im Keim ersticken. Es war geradezu gefährlich!

Holmes Sekretärin hatte in der Suche ein glückliches Händchen. Sie entdeckte auf einer Fanpage ein privates Photo, das mehr als ungewöhnlich war: Ein junger Mann legte gerade sanft seine Hand auf Paulas Arm. Paula sah ihn groß und ein wenig fragend an. Er lächelte scheu, gütig, verstehend. Der Unbekannte war auf keinen Fall ein Fan. Das sah man auf den ersten Blick. Es schien auch so, als ob er Paula kennen würde. Und er wollte offensichtlich etwas von ihr, das sie verunsicherte. Es war vielleicht noch zu früh, um von einer heißen Spur zu sprechen, aber es war auf jeden Fall ein Anfang.

Überraschend schnell führten die Recherchen im Internet auf die Seite einer kleinen geistlichen Gemeinschaft in einer Stadt, in der Paula vor Kurzem gewesen war. Im Haus der Gemeinschaft konnte man übernachten, wenn keine angemeldeten Gruppen da oder noch Zimmer frei waren. Holmes sah auf den Bildschirm seines Laptops und verschränkte die Hände über dem Bauch. Das war es: Eine kleine Gemeinschaft von Christen, die mit ihren abartigen Ideen die Welt verbessern wollten. So etwas Ähnliches hatte er beinah erwartet. Und die arme Paula war ihnen auf den Leim gegangen. Holmes lehnte sich in seinem Schreibtischstuhl zurück, legte die Füße auf den Tisch und strich mit den Fingern nachdenklich die Oberlippe entlang. Schade, dass dieses Haus in den Händen der Kirche war. Mit einer kleinen Sekte hätte man fertig werden können. Mit der Kirche war das schwieriger. Andererseits genoss nun nicht alles, was die Kirche so machte, ungetrübten Artenschutz. Auch die musste sich an die Gesetze halten. Und am Ende blieb immer noch eine kleine Aktion in einer entsprechend publikumswirksamen Zeitung. Gegendarstellung inklusive. Aber die las dann ja keiner oder fast keiner. Holmes war mit sich zufrieden. Heute war ein guter Tag.

Auch Meyerhuber fand diesen Tag ausgesprochen erfolgreich. Vor der Kanzlei zündete er sich eine Zigarette an und sog den Rauch genüsslich ein. Die Berechnungen hatten ihre Erwartungen bestätigt. Man konnte gut und gern von einer Vertragsstrafe von 3,5 Millionen ausgehen. Wenn man ihn erst einmal hätte und er sein Verhalten nicht unterließ … Die Zigarette verglühte in seiner Hand.

In der Entscheidung

Der Brief erreichte Paul am späten Vormittag. Er überraschte ihn nicht. Ein Teil seiner selbst hatte gewusst, dass es nicht gut war, sich mit der Werbebranche anzulegen. Ein anderer Teil hatte es abgelehnt, darüber nachzudenken. Ein dritter hatte es für wenig wahrscheinlich gehalten, dass sie ihn finden würden. Nun gut, es war entschieden. Aber was nun?

Er musste sich Beratung holen. Zugleich aber wuchs die Sehnsucht in ihm, zunächst alles in der Stille abzulegen. Die Stille, das Gebet, die Einheit mit sich selbst und dem Weg, auf den er sich gesandt fühlte, war ihm wichtiger als das Recht. Jedenfalls im Augenblick. Alles muss an Gott vorbei, hätte seine Großmutter gesagt. Er brachte den Brief in sein Zimmer und setzte sich in den kleinen Raum, den auch Paula kannte, sang und ließ die Gedanken, die ihn irritierten und bewegten, die ihn umgaben wie aufgescheuchte Rehe, frei. Er hatte Angst. Tief unter seinen klaren und entschiedenen Schritten lauerte sie und verstörte ihn. Vor sich sah er Paula, die veränderte Paula, die er nur einmal nach ihrer Begegnung in einer Sendung erlebt hatte. Eine starke, ernstzunehmende Frau, still und gefasst, aber mit einem Strahlen in den Augen, das tief aus dem Herzen kam. Und er sah sich selbst im Schweigen, aber so oft noch immer in Hast und Unruhe auf der Suche nach einem neuen Weg zu sich selbst. War dieser Brief ein Teil davon?

Gefüllt mit Stille, wandte sich Paul der Aufgabe zu, sich zu wehren. Es würde sich nicht vermeiden lassen, eine übergeordnete Stelle einzubeziehen. Paul telefonierte. Der Kirchenamtsrat konnte schon am nächsten Tag eine Stunde für ihn erübrigen. Er solle das Schreiben an sein Büro faxen. Als dies erledigt war, blieb nichts zu tun, nichts zu klären übrig. Der Alltag nahm ihn gefangen. Einen halben Tag würde er sich gedulden müssen. Und dann?

Überraschende Entwicklung

Der leitende Jurist des Bezirkskirchenamtes war erst vor einem knappen Jahr in sein Amt eingeführt worden. Er hatte das Studium mit Bravour abgeschlossen. Dass er sich in den Dienst der Kirche stellte, irritierte viele. Paul hatte sich darüber noch nie Gedanken gemacht. Er war einer der Vorgesetzten. Solange es keinen Ärger gab, waren die leitenden Dienststellen für ihn weit weg, auch wenn das Haus an sich in Trägerschaft der Landeskirche war. Paul lebte nach dem Motto: Gehe nie zu deinem Fürst, wenn du nicht gerufen wirst. Ihre letzte Begegnung lag fast ein halbes Jahr zurück. Aber er hatte wiederholt davon gehört, dass die Vorgehensweisen des neuen Amtsrates wenig vorhersehbar, aber meist sehr wirkungsvoll seien. Seine menschenfreundliche Art ließ schwierige Gespräche etwas positiver erscheinen, als sie es auf den ersten Blick waren. Das war auch der Tenor des einzigen Gesprächs gewesen, das Paul vor einem halben Jahr mit ihm und dem Personalreferenten gehabt hatte. Trotzdem war Paul damals hart geblieben. Die Wünsche und Vorstellungen der Kirche in allen Ehren, aber er musste doch selbst wissen, wohin er gehörte!
Der Amtsrat saß hinter seinem Schreibtisch und lächelte Paul entgegen, als dieser den Raum betrat. »Setzen Sie sich!« Paul nickte unsicher und nahm vor dem Schreibtisch Platz. »Eine dumme Geschichte, in die Sie da geraten sind. Haben Sie eigentlich eine Erklärung, wie es zu diesem Vorwurf kommen konnte? Wer wirft denn einem kirchlichen Retraitenhaus schon Unlauteren Wettbewerb vor. Das ist ja absurd! Noch dazu meinen die Kläger, dass es an Ihre Per-

son gebunden sei.« – »Ich habe keine Ahnung, Herr Hoffemann. Ich kenne die Herren gar nicht.« – »Gab es denn in letzter Zeit irgendetwas Ungewöhnliches? Einen Gast vielleicht, ein Gespräch?«
Paul dachte nach. Das einzige Ungewöhnliche, an das er sich erinnern konnte, war die Episode mit Paula. Aber was war daran unlauter? Musste er jetzt die Geschichte erzählen? Paul kratzte sich verlegen am Ohr. Der Amtsrat legte den Kopf etwas schief und zog die Augenbrauen nach oben. »Nun?« – »Eine von den Werbe-Ikonen hat kürzlich in unserem Haus übernachtet. Sie werden sie sicherlich kennen. Diese Paula. Es war ... Es war ein bisschen peinlich.« Er erzählte von ihrer Begegnung und seinem Besuch, dann besann Paul sich noch einmal kurz. »Ja, das ist das einzige Ungewöhnliche, das in letzter Zeit geschehen ist.« Der Amtsrat begann zu lachen. »Sie tun ja gerade so, als ob es immer mal wieder die Größen der Werbeindustrie in Ihr Haus verschlagen würde. Wenn es das einzige Ungewöhnliche in letzter Zeit war ...« Dann wurde er ernst. »Gesetzt den Fall, Sie haben ihr wirklich irgendetwas gesagt, was sie sehr verändert hat, ihr Gewissen geweckt hat ... Wir haben ja keine Ahnung von den Hintergründen. Dann scheint es doch wirklich so zu sein, wie es hier geschrieben steht: Die Leute haben kein Interesse daran, das ganze Haus zu schließen. Die haben nur etwas gegen Sie. Diese Leute gehen davon aus, dass Ihre Art, das Haus zu führen, dem Wettbewerb schadet. Und vor allem ihren Einnahmen. Im Falle eines Nichteinhaltens drohen sie mit einer Forderung von 3,5 Millionen.« Der Amtsrat beugte sich zu Paul: »Lieber Bruder, was auch immer Sie getan haben, eins ist sicher:

Sie haben da mächtige Leute sehr geärgert.« Paul schwieg nachdenklich. Was hätte er darauf erwidern sollen? Der Amtsrat erwartete offensichtlich keine Antwort: »Ich habe die halbe Nacht nachgedacht. Es bringt überhaupt nichts, diesen Leuten entgegenzutreten. Die gängige Rechtssprechung wird sie unterstützen: Sie, Bruder Paul, haben die Marke Paula kaputtgemacht. Wie absurd das auch in unseren Ohren klingen mag. Wenn so viel Geld im Spiel ist, werden sie versuchen, das Haus in den wirtschaftlichen Ruin zu treiben. Ich habe mir deswegen etwas anderes überlegt. Ich würde Sie gern aus der Schusslinie nehmen, in Ihrem und in unserem Interesse. … Erinnern Sie sich noch an unser Gespräch vor einem halben Jahr?« Natürlich erinnerte sich Paul daran. Es war unangenehm genug gewesen. »Wir hätten es gern gesehen, wenn Sie sich für die Retraitenarbeit in der EKD engagieren würden. Ich halte das noch immer Ihren Begabungen wesentlich angemessener als das kleine Haus hier in der Stadt. Ich bin kein Theologe, das wissen Sie, aber wenn eine Begegnung mit Ihnen solch einen Wandel auslösen kann, dann ist Ihnen eine Gabe anvertraut, die Sie an so viele Menschen wie möglich weitergeben sollten.« Paul wollte widersprechen, aber der Amtsrat hob abwehrend die Hände: »Sagen Sie jetzt nichts. Denken Sie einfach über meinen Vorschlag nach. Mehr erwarte ich im Augenblick nicht von Ihnen. Ich kümmere mich in der Zwischenzeit um den kleinen Brief.«

Paul erhob sich und verabschiedete sich. Der Vorschlag klang einleuchtend. Aber wäre es nicht besser gewesen zu kämpfen, als vor einer unsinnigen Rechtspraxis zu kapitulieren? Und gaben sie so nicht diesen Leuten auch noch

Recht? Bewegt von widersprüchlichen Gedanken und Gefühlen, verließ Paul das Amt.

Anfang und Ende, Ende und Anfang

An einem klaren Sommermorgen zehn Jahre später trat Paula aus der Bahnhofshalle der kleinen Stadt. Sie sog voller Genuss die Luft in sich ein. Über ihre Eltern hatte sie schon vor längerer Zeit ein Zimmer im Haus am Rande der Stadt buchen lassen. Sie hatte auch nach Paul gefragt. Er sei nicht mehr da. Paula war ein wenig enttäuscht gewesen. Aber in zehn Jahren konnte viel geschehen. Das hatte sie an sich selbst erlebt.

Im Kiosk vor dem Bahnhof erstand sie eine der regionalen Zeitungen. Sie setzte sich auf eine Bank. Die Sonne schien schon warm. Es tat gut, hier zu sitzen und ihre Strahlen in sich aufzunehmen. Bis sie ihr Zimmer beziehen konnte, war noch Zeit. Vielleicht erfuhr sie etwas Interessantes, was sich hier in ihrer Abwesenheit verändert hatte. Beim Blättern entdeckte sie in einem der Artikel Pauls Namen. Merkwürdig, dass ihr das gerade heute in die Hände fiel. Damit hatte alles angefangen. Sie griff noch einmal zu der aufgeschlagenen Seite und las halblaut:

»Überraschend hat sich der europaweit bekannte Verantwortliche für die deutsche Retraitenarbeit, Bruder Paul, bereit erklärt, an diesem Abend in den Räumen des ehemaligen Benediktinerklosters unserer Stadt über seinen Weg in die Stille zu erzählen. Bruder Paul ist seit zehn Jahren für den Aufbau der ›Häuser der Stille‹ verantwortlich. Unter seiner

Leitung profilierten sich die Einrichtungen und gelten als führend in ganz Europa. Sein Name wird mittlerweile gleichzeitig mit dem des Gründers der Bruderschaft von Taizé genannt.« Paula ließ die Zeitung sinken und lächelte. Manche Wege waren einfach wunderbar, auch wenn man es vielleicht nicht auf den ersten Blick sehen konnte.

Anhang

Die handelnden Personen der Geschichten des Bandes sind, soweit nicht historische Persönlichkeiten, frei erfunden. Alle Parallelen zu lebenden Personen sind Zufall.

Nacherzählungen

David und Batseba im 21. Jahrhundert / David und Batseba
(2. Samuel 11–12,25)
David beobachtet vom Dachgarten seines Palastes, wie Batseba badet. Er verliebt sich in sie und verführt sie. Ihr Mann, der Hetiter Uria, ist ein Soldat des Königs und kämpft für David in einem Krieg. Als David erfährt, dass Batseba schwanger ist, versucht er Uria während seines »Fronturlaubs« dazu zu bewegen, bei seiner Frau zu übernachten. Aber Uria will nicht zu ihr gehen, während die anderen Männer kämpfen. Daraufhin veranlasst David seine Versetzung an die vorderste Front. Uria stirbt. David heiratet Batseba nach Ablauf der Trauerzeit. Der Prophet Nathan wird von Gott zu David gesandt, um ihn mit seiner Schuld zu konfrontieren. David spricht sich selbst das Urteil. Da er Buße tut, stirbt zwar das erstgeborene Kind von David und Batseba, sie selbst aber dürfen leben.

Erbe des Glücks / Jakob und Esau
(1. Mose 27.32.33 in Auswahl [i. A.])
Jakob und Esau sind die ungleichen Söhne Isaaks und Rebekkas. Rebekka hat eine besondere Beziehung zu Jakob, dem Jüngeren der Zwillinge. Isaak liebt Esau mehr. Esau verkauft, als er vom Feld

kommt und sehr hungrig ist, sein Erstgeburtsrecht an Jakob für ein Linsengericht. Rebekka verleitet Jakob dazu, sich den Erstgeburtssegen durch List zu schleichen: Als Isaak Esau auf Jagd schickt, um das Mahl vorzubereiten, verkleidet sich Jakob als Esau und bringt dem Vater das Essen. Isaak segnet ihn. Esau geht leer aus und denkt darüber nach, seinen Bruder zu töten. Jakob flieht zu Verwandten und lebt dort viele Jahre. Als er zurückkehrt, geht ihm Esau entgegen. Die Brüder versöhnen sich. Dennoch bleibt Jakob misstrauisch und sucht einen Wohnort in sicherer Entfernung von Esau.

Eine Frage der Schuld / Simson und Delila (Richter 16,4–31)
Die Philister suchen nach einer Möglichkeit, den Richter Simson, den Anführer der israelischen Stämme, zu besiegen. Simsons körperliche Stärke gilt als schier unbezwingbar. Er kann nur durch List überwunden werden. Simson hat eine Schwäche für Frauen. Als er sich in Delila verliebt, werben die Philister sie an. Sie soll seine Liebe zu ihr dazu ausnutzen, ihr das Geheimnis seiner Kraft zu verraten. Dreimal führt Simson sie in die Irre. Als sie aber nicht aufhört, ihn zu fragen, öffnet er ihr schließlich sein Herz: Seine Haare sind noch nie geschoren worden. Sie wiegt ihn in den Schlaf, schneidet seine Haare ab und ruft die Philister. Diese nehmen Simson gefangen und lassen ihn auf einem Fest zum Spaß auftreten. Mittlerweile sind Simsons Haare teilweise wieder nachgewachsen. Seine Stärke kehrt zurück. Er begeht Selbstmord, indem er eine Säule des Hauses aushebt. Das einstürzende Haus begräbt ihn und die Philister unter sich.

Esters Arche / Ester (Buch Ester i. A.)
Nachdem König Ahasveros (Xerxes) seine Frau Waschti verstoßen hat, raten ihm seine Berater, sich unter den Jungfrauen eine neue

Frau zu wählen. Die schönsten jungen Frauen des Landes werden in den Palast gebracht und auf die Begegnung vorbereitet. Unter ihnen ist auch die Jüdin Ester, die bei ihrem Onkel Mordechai aufwächst. Ihre jüdische Herkunft ist am Hof nicht bekannt. Mordechai deckt eine Verschwörung gegen Ahasveros auf. Haman, einem Minister Ahasveros, sind die Juden, insbesondere Mordechai, ein Dorn im Auge. Er beschließt, sie ausrotten zu lassen. Mit List erreicht er, dass Ahasveros ihn mit entsprechender Macht ausstattet, und er hält dazu von Ahasveros seinen Siegelring. Als Mordechai davon erfährt, setzt er sich in Sack und Asche an das Tor des Palastes. Ester fragt ihn in Briefen nach dem Grund seines Kummers und erfährt so von der Verschwörung. Ihr Onkel ermutigt sie, sich vor Ahasveros für das eigene Volk einzusetzen. Sie lädt gegen alle Sitte den Ehemann und König und Haman zu einem Festmahl. Dort deckt sie die Machenschaften Hamans auf und bittet Ahasveros um Unterstützung. Er kann den Befehl nicht zurücknehmen, da er gesiegelt ist, gestattet den Juden aber die Gegenwehr. Sie führen das aus, was Haman ihnen gegenüber plante, und richten ein unsagbares Blutbad an. Ester wird als Retterin des eigenen Volkes gefeiert, Haman an dem Balken, den er für Mordechai errichten ließ, gehängt.

Samariter zur falschen Zeit / Der barmherzige Samariter
(Lukas 10,29-34)
Auf die Frage »Wer ist mein Nächster?« antwortet Jesus mit dem Gleichnis vom barmherzigen Samariter: Ein Mann zieht von Jerusalem nach Jericho und wird Opfer eines Raubüberfalls. Nacheinander gehen ein Priester und ein Levit vorbei und helfen nicht, da sie sich durch den Kontakt mit dem Verletzten verunreinigen würden. Als Dritter geht ein Samariter den Weg entlang, sieht den Verletzten und transportiert ihn auf seinem Esel in ein Gasthaus. Dort

bezahlt er die Pflege im Voraus und verspricht, für mögliche weiter Kosten auf seiner Rückreise aufzukommen.

Einmal ein Böser / David und Goliat (1. Samuel 17)
Die Kampfreihen Sauls stehen den Philistern gegenüber. Sie werden jeden Tag von Goliat aus Gat verhöhnt. Goliat ist so groß und kräftig, dass ihn alle fürchten. Der Hirtenjunge David beobachtet die Begegnung und ist wütend über Goliats Worte. Er will sich dem Herausforderer mit seinen eigenen Mitteln entgegenstellen. Goliat lacht über den Jungen, der ihm entgegentritt. David legt einen Stein in seine Schleuder, trifft und schlägt dem betäubten Goliat mit seinem eigenen Schwert den Kopf ab.

Der Junge mit den Sternenaugen / Joseph und seine Brüder
(1. Mose 37.38 i. A.)
Joseph ist der elfte der zwölf Söhne Jakobs. Er wird von seinem Vater bevorzugt, da seine Mutter seine Lieblingsfrau war. Sie starb bei der Geburt des jüngeren Bruders Benjamin. Joseph informiert den Vater über das, was die Geschwister tun und sagen. Und er träumt, dass sich u. a. elf Sterne, Sonne und Mond vor ihm verneigen. Die älteren Brüder beschließen, Josephs Treiben Einhalt zu gebieten, und entführen ihn. Er wird in einer leeren Zisterne versteckt. Ruben möchte den Bruder retten. Die anderen Brüder treffen auf Sklavenhändler und verkaufen Joseph auf Judas Rat hin nach Ägypten. Dem Vater teilen sie mit, dass Joseph von wilden Tieren zerrissen worden sei, und legen ihm das mit Ziegenblut gefärbte Gewand Josephs vor. In Ägypten wird Joseph Diener im Hause Potiphars und ist den sexuellen Nachstellungen der Ehefrau ausgesetzt.

Interview mit K. / Kain und Abel (1. Mose 4,1–16)

Kain und Abel, die Söhne von Adam und Eva, bringen Gott ein Opfer dar. Kain ist Bauer/Ackermann, Abel Hirte. Das Opfer Kains wird von Gott nicht angenommen. Kain vergräbt sich in seiner Wut; auch die Warnung Gottes nimmt er nicht wahr. Er lockt seinen Bruder auf das Feld und erschlägt ihn dort. Das Blut Abels wird zum Anwalt vor Gott; es schreit zu Gott. Er stellt Kain zur Rede, der schließlich den Mord zugibt. Als Schuldiger fürchtet er Rache. Gott gibt ihm ein Zeichen an die Stirn, das ihn schützen soll.

Nabot / Nabots Weinberg (1. Könige 21)

Nabot besitzt einen Weinberg, der direkt an das königliches Land grenzt. Ahab möchte ihm den Weinberg abkaufen, um einen Gemüsegarten darauf zu pflanzen. Als Erbe der Väter ist der Weinberg aber für Nabot unveräußerlich. Ahab geht nach Hause und vergräbt sich in seinem Kummer. Seine Frau Isebel will ihn aufmuntern und ersinnt eine Taktik, um den Weinberg doch noch an sich zu bringen: Es soll ein Fest zu Ehren Nabots veranstaltet werden, auf dem er von falschen Zeugen des Hochverrats angeklagt und gesteinigt wird. Sie bittet die lokalen Verantwortlichen, sie zu unterstützen. Kurze Zeit später stirbt Nabot, und Ahab will den Weinberg in Besitz nehmen. Der Prophet Elia wird von Gott gesandt, um Isebel und Ahab entgegenzutreten und das göttliche Urteil zu verkünden. Ahab tut Buße. Die Strafe wird abgemildert.

Paula und Paul / Paulus und die Wahrsagerin
(Apostelgeschichte 16,16–22)

Paulus wird in Philippi von einer Frau mit einem Wahrsagegeist verfolgt. Sie schreit ihm hinterher, dass er im Dienste des einen Gottes unterwegs sei. Als ihr Geschrei Paulus zu viel wird, dreht er sich zu ihr um und heilt sie. Die Auftraggeber der Frau beschweren sich über Paulus und veranlassen seine Verhaftung, da er ihnen die Geschäfte zerstört habe und sie weitere Gewinneinbußen befürchten. Paulus wird ins Gefängnis geworfen, kommt auf wunderbare Weise frei und wird gebeten, Philippi zu verlassen. Er gründet an anderen Orten neue Gemeinden.

Dank

Herzlich danken möchte ich allen, die mich durch Gespräche, Rat oder Informationen unterstützten. Mein besonderer Dank gilt:
Elke Bestehorn, Annegret Grimm, Hermann Göthel, Heike Heinze, Christel Hartinger, Gerda Kunzendorf, Mamie Mazunda, Matthias Möbius, Prof. Hačik Gazer, Rose und Matthias Rachut, Dr. Stefan Reichelt, Dr. Annette Weidhas, Natalia Wolter, Tilman Zieschang und dem Bibelgesprächskreis der Ev.-Luth. Pauluskirchgemeinde.

ISBN 978-3-374-02165-9